LOUIS XIV

L'ORDRE ET LA GLOIRE

LOUIS XIV

L'ORDRE ET LA GLOIRE

JEAN-CHRISTIAN PETITFILS
DOCTEUR D'ÉTAT EN SCIENCE POLITIQUE

Tallandier
Historia

REMERCIEMENTS

JEAN-CHRISTIAN PETITFILS, historien, diplômé de l'Institut d'études politiques de Paris, docteur d'État en science politique, est l'auteur d'une vingtaine d'ouvrages, dont plusieurs biographies historiques remarquées : *Le Véritable d'Artagnan* (Tallandier, couronné par l'Académie française), *Le Régent, Madame de Montespan* (Fayard), *Lauzun, Louise de La Vallière, Fouquet* (Perrin). Son importante biographie intitulée *Louis XIV* (Perrin, 1995), préfacée par Pierre Goubert et présentant une analyse nouvelle du pouvoir royal, a reçu le prix Hugues-Capet et a été couronnée par l'Académie des sciences morales et politiques ainsi que par l'Académie française (grand prix de la biographie-Histoire 1996).

Direction éditoriale : Éric Thiébaud, assisté de Pauline de Ayala
Iconographie : Claire Balladur
Conception graphique et réalisation : ELSE
Couverture : Nord-Compo
Lecture correction : Belle Page
Photogravure : Goustard Clamart

74, avenue du Maine 75014 Paris
ISBN : 2-235-02284-7

Par la longueur de son règne – qui s'étend de 1643 à 1715 –, la fermeté de son caractère, son extraordinaire maîtrise de soi, sa farouche volonté d'imprimer sa marque dans la durée, par l'importance des mutations sociopolitiques que connaît la France à cette époque, le rayonnement exceptionnel des arts et des lettres qui lui est en partie imputable, Louis XIV occupe une place majeure dans l'Histoire. Pour autant, il est loin de faire l'unanimité dans la mémoire nationale. À l'immortel créateur de Versailles, au protecteur de Molière, de Racine, de Boileau, de Le Nôtre ou de Hardouin-Mansart, certains vouent une admiration sans borne ; d'autres, au contraire, haïssent l'orgueilleux pharaon paradant au milieu de ses favorites, sa mégalomanie solaire et le culte idolâtre qu'il se fait rendre, ses ambitions expansionnistes, son monstrueux attrait pour la guerre, son fanatisme religieux qui le pousse à pourchasser les protestants de son royaume… Il est aisé d'opposer à l'image d'Épinal du « roi de gloire » « l'envers du soleil » : vaine et, surtout, fausse querelle, dans la mesure où thuriféraires et détracteurs du « Grand Roi » se réfèrent tout uniment à un modèle conventionnel, largement mythique et stéréotypé (qui traîne, hélas, dans la plupart des manuels scolaires !), celui d'une société classique et majestueuse s'installant, après les turbulences baroques du premier dix-septième siècle, dans l'harmonie triomphante d'un ordre statique, dogmatique et discipliné. Au clair ordonnancement des jardins à la française répondrait le déploiement inexorable de ce qu'on a appelé d'un grand mot vide et sonore, l'« absolutisme ».

La vérité est plus modeste. Les débuts du règne sont marqués par les désordres tragiques de la Fronde, la fermentation des esprits, l'agitation brouillonne des robins, la révolte des grands, nostalgiques de la féodalité, la misère des campagnes, les jacqueries. Le retour à l'ordre, la réduction du royaume à l'obéissance, la création de la monarchie administrative prennent infiniment plus de temps qu'on ne l'a dit. Dans une France mal unifiée, foisonnante de diversité, bardée de privilèges, de franchises, de corps jaloux de leurs droits, de coutumes indéracinables, le pouvoir royal, représentant la force modernisatrice de l'État, doit lutter sans cesse pour faire prévaloir son point de vue. Ce combat collectif du monarque et de ses collaborateurs était loin d'être gagné d'avance.

Pour l'historiographie moderne, il s'agit donc de réévaluer le siècle et son roi, de comprendre les efforts accomplis, les résistances et les obstacles rencontrés, sans rien omettre bien sûr des erreurs tragiques ni des faux pas commis. La première partie du règne, objet du présent volume, est sous-tendue par deux quêtes en profondeur, celle du retour à l'ordre et celle de la gloire tant intérieure qu'extérieure, gloire du souverain, certes, mais indissociable de celle de la France puisque, selon la vieille orthodoxie capétienne, répétée par Louis XIV lui-même, « la nation ne fait pas corps en France. Elle réside tout entière dans la personne du roi ».

Jean-Christian Petitfils

SOMMAIRE

CHAPITRE 1 L'ENFANT-ROI (1638-1648)

CHAPITRE 2 L'HYDRE DES FRONDES (1648-1653)

CHAPITRE 3 LES ANNÉES MAZARIN (1653-1661)

CHAPITRE 4 L'ÉCLAT DU SOLEIL (1661-1672)

CHAPITRE 5 LOUIS XIV INTIME (1661-1679)

CHAPITRE 6 LA GLOIRE (1661-1672)

CHAPITRE 7 LA GUERRE DE HOLLANDE (1672-1678)

PARENTS ET PROCHES

Désiré depuis plus de vingt ans par ses parents, le jeune Louis reçoit de la part de sa famille une éducation sévère, mais aussi des témoignages d'affection constants et durables qui l'accompagnent dans sa tâche royale.

LOUIS XIII (1601-1643)

Un père austère

Monarque morose et peu affectueux, il terrifie son fils. Sa mort n'affecte pas Louis, alors âgé de cinq ans seulement, qui ne parlera jamais de ce père à qui il ne ressemble guère.

ANNE D'AUTRICHE (1601-1666)

Une mère attentionnée

Régente de 1643 à 1651, Anne se révèle être un véritable chef d'État. Mère attentive, elle reste un censeur moral que Louis respecte infiniment.

MARIE-THÉRÈSE D'AUTRICHE (1638-1683)

La reine effacée

La petite infante que Louis épouse par devoir ne lui inspire qu'une affection distante. Mal à l'aise à la Cour, elle souffre jusqu'à sa mort des infidélités de son époux qu'elle adore.

LES AMOURS DU ROI

Contrairement à son père, Louis XIV aura de nombreuses passions. Aucune de ses favorites ne jouera de rôle politique, à l'exception, plus tard, de Madame de Maintenon.

MARIE MANCINI (1639-1706)

La première passion

Nièce de Mazarin, elle est la première passion du jeune roi, qui se résout *in extremis* à se séparer d'elle pour épouser l'infante d'Espagne.

LOUISE DE LA VALLIÈRE (1644-1710)

L'amante abandonnée

Belle, sincère et modeste, cette jeune fille devient la maîtresse du roi pour qui elle éprouve une violente passion. Supplantée par Mme de Montespan, elle finit sa vie chez les Carmélites.

MADAME DE MONTESPAN (1640-1707)

La superbe Athénaïs

Fière, majestueuse et altière, dotée d'un esprit vif et mordant, elle subjugue le roi, à qui elle donne huit enfants. Mais ses caprices et sa jalousie insupportables entraînent finalement son déclin.

MINISTRES ET CONSEILLERS

Louis XIV doit ses succès aux conseils qu'il a reçus de son entourage politique. Après la mort de son parrain et mentor, Mazarin, il s'adjoint des spécialistes judicieusement choisis, tout en se réservant les décisions finales.

Mazarin (1602-1661)

Le parrain et le mentor

Héritier de la politique de Richelieu, il se heurte aux contestations, mais parvient finalement à rétablir et à imposer aux Frondeurs l'autorité du pouvoir royal.

Hugues de Lionne (1611-1671)

L'homme des négociations

Diplomate de haut vol, secrétaire d'État aux Affaires étrangères, il dirige la politique extérieure de la France et intervient dans la négociation de tous les grands traités de paix.

Michel Le Tellier (1603-1685)

Le ministre dévoué

Habile et travailleur, il est à la tête du clan rival de celui des Colbert au sein du Conseil du roi. Son œuvre, remarquable dans le domaine militaire, est poursuivie par son fils Louvois.

Colbert (1619-1683)

Le réformateur

D'une grande intelligence politique, il est l'initiateur de réformes économiques, financières et législatives fondamentales, qui donneront à la France les moyens de ses ambitions.

LES PERDANTS DE L'AVÈNEMENT

Jaloux de son autorité, Louis n'admet ni la rébellion de la noblesse, ni la menace que représente pour le pouvoir royal un sujet trop puissant. Aussi est-ce avec éclat, pour l'exemple, qu'il frappe ses opposants.

Le cardinal de Retz (1613-1679)

Le Frondeur

Prélat mondain et d'une ambition démesurée, il est l'un des ennemis les plus féroces de Mazarin. Il est emprisonné à la fin de la Fronde, s'évade, et finit par se soumettre.

Nicolas Fouquet (1615-1680)

L'imprudent

Surintendant des Finances, il réussit, grâce à son crédit et à sa fortune personnelle, à relever la situation financière de l'État. Colbert provoque sa chute en le perdant dans l'esprit du roi.

LES ARTISANS DES VICTOIRES

Roi guerrier, Louis XIV remporte ses succès militaires les plus retentissants grâce à trois remarquables capitaines et tacticiens. Au fil des campagnes, ils imposent la France comme la première puissance européenne.

LE GRAND CONDÉ (1621-1686)

Révolte et dévouement

Ce prince du sang met au service du roi ses qualités militaires. Vainqueur de Rocroi et de Nördlingen, il connaît la disgrâce pour sa participation à la Fronde, mais mène ensuite des campagnes brillantes pour le roi.

TURENNE (1611-1675)

L'homme de la guerre

Sa carrière militaire est marquée par les plus grands succès. Il trouve en Condé un adversaire de taille durant la Fronde, et donne à Louis XIV ses plus célèbres victoires dans les guerres de Dévolution et de Hollande.

VAUBAN (1633-1707)

L'ingénieur de génie

Commissaire général des fortifications, il entoure la France d'une « ceinture de fer ». Grand stratège, il conçoit des systèmes d'attaque et de défense des places extrêmement efficaces, qui révolutionnent la guerre de siège.

LES GRANDES FIGURES EUROPÉENNES

Durant la première partie de son règne, Louis XIV est confronté à des figures puissantes qui tentent de donner à leur pays la prépondérance en Europe. Sa diplomatie et ses succès militaires lui permettent, un temps, de s'imposer à tous.

JEAN DE WITT (1625-1672)

L'adversaire hollandais

Grand pensionnaire de Hollande, il est le premier personnage des Provinces-Unies. La puissance économique de sa province lui permet de l'imposer sur la scène européenne et de défier la France, choix bien infructueux.

CHARLES II D'ANGLETERRE (1630-1685)

L'allié provisoire

Restauré sur le trône en 1660, il s'oppose à la Hollande sur le plan commercial et par là même en vient à se rapprocher de la France.

LÉOPOLD IER, EMPEREUR GERMANIQUE (1640-1705)

Le rival de l'Est

Il s'oppose aux ambitions de la France en soutenant ses adversaires, mais se voit contraint d'accepter les termes du traité de Nimègue en 1679.

PHILIPPE IV D'ESPAGNE (1605-1665)

De la guerre à la paix

Adversaire de la France, il conclut avec son neveu Louis XIV la paix des Pyrénées en 1659 et lui donne sa fille en mariage. L'Espagne devient alors brièvement une alliée de la France.

1638-1648

L'enfant-roi

◀ ***Le Château-Neuf de Saint-Germain.*** *C'est dans ce château proche de Paris que naquit Louis XIV. (Paris, musée Carnavalet)*

UN DIMANCHE DE CÉLESTE ALLÉGRESSE

Ce samedi 4 septembre 1638, vers vingt-trois heures, à Saint-Germain-en-Laye, dans l'élégant Château-Neuf que Philibert Delorme et Jean-Baptiste Androuet Du Cerceau ont bâti au rebord d'une haute terrasse boisée qui descend en gradins vers la Seine, la reine Anne d'Autriche ressent les premières douleurs de l'enfantement. Après vingt-trois années de mariage avec Louis XIII, elle n'a pas encore d'enfant. Commence alors une nuit fébrile…

« C'EST UN GARÇON ! C'EST UN GARÇON ! »

Le roi, fatigué d'une chevauchée en forêt qui s'est achevée trois jours auparavant, paraît rongé d'angoisse. À quatre heures du matin, l'évêque de Lisieux vient dire une messe dans les appartements royaux. Mgr Séguier, évêque de Meaux et premier aumônier du roi, exhorte et bénit la royale parturiente, tandis que Bouvard, premier médecin de Sa Majesté, et Honoré, chirurgien, guettent sur son visage le moindre signe de défaillance. L'attente se prolonge la majeure partie de la matinée. À onze heures, Louis, qui vient de se mettre à table, apprend la nouvelle par les cris de joie de Mme de Senecey, dame d'honneur de sa femme : « C'est un garçon ! C'est un garçon ! » C'est en effet un beau et robuste Dauphin, blond et joufflu, que dame Péronne, la sage-femme, présente à Sa Majesté. Lui, d'ordinaire si morose et perdu dans ses pensées, éclate d'un bonheur intense, s'agenouille et remercie Dieu. Gaston d'Orléans, frère du roi, que l'on appelle Monsieur, cache sa déconvenue sous un sourire crispé : cette naissance le fait rétrograder dans la liste des héritiers du trône ! Après avoir été ondoyé par Mgr Séguier, l'enfant vagissant est porté par sa nourrice, Mme de La Giraudière, jusqu'à son appartement, entièrement tendu de damas blanc.

LE ROYAUME EN FÊTE

À bride abattue, les courriers partent pour Paris. Au pont de Neuilly, qui a été emporté par une crue de la Seine, ils font de grands signes avec leur chapeau à ceux qui attendent sur l'autre rive. C'est le geste convenu pour un garçon. Pour une fille, ils devaient croiser les bras…

On imagine avec peine l'intense allégresse qui saisit la capitale à l'annonce de cette nouvelle tant attendue. Dans l'air pur de ce beau dimanche d'été, les cloches des églises jettent leur carillon joyeux. La fête, populaire et exubérante,

◀ ***Allégorie de la naissance du Dauphin.*** *Après 23 ans d'attente, la nouvelle de cette naissance suscite l'euphorie dans tout le royaume.* *(Paris, B.N.F.)*

Décor de **La Sincerita trionfante**, ***donnée à Rome lors de la naissance du Dauphin.*** *La nouvelle, qui se répand dans toute l'Europe, est accueillie avec joie.* *(Paris, bibliothèque de l'Arsenal)* ▶

Allégorie de la naissance de Louis Dieudonné. ▼ *« Dieu l'a donné à la chrétienté pour apaiser les troubles et y apporter la bénédiction de la paix » (Richelieu).* *(Versailles, musée national du Château)*

éclate : on danse dans les rues, on perce des barriques de vin, on allume des feux de joie, on multiplie les *Te Deum* d'action de grâces et les processions de reliques. La nouvelle gagne la province, soulevant une immense onde de joie dans tout le royaume. Apprenant la nouvelle à Saint-Quentin, le Premier ministre, le cardinal de Richelieu, se précipite sur son écritoire pour féliciter l'heureux père : « Je crois que Dieu vous l'ayant donné, Il l'a donné au monde pour de grandes choses. » Pour le moment, on admire la belle ardeur et la fureur de vivre de l'enfant ; il est vrai que, né avec deux dents de lait, il déchire si fort les mamelons de ses nourrices qu'il faut remplacer celles-ci à sept reprises en quelques mois ! L'ambassadeur de Suède feint de trouver cela inquiétant et, d'un ton amusé, conseille aux voisins européens de « se précautionner d'une rapacité si précoce »… Mais il ajoute : « Jamais aucun peuple, dans aucune occasion, ne témoigna une allégresse aussi vive. »

LES HOROSCOPES DU DAUPHIN

Comme chaque naissance royale, celle de Louis XIV a donné lieu à de nombreux horoscopes et prédictions sur sa vie, son règne et son caractère. Parmi leurs auteurs, on peut citer le médecin Jean-Baptiste Morin, le juriste hollandais Hugo de Groot (Grotius), alors ambassadeur en France, et le dominicain calabrais Tommaso Campanella, à qui l'on doit également une utopie, *La Cité du Soleil* – préfiguration du modèle versaillais, a-t-on dit. Bien entendu, on y pare, à l'aide de savants calculs sur la position des astres, le futur règne de celui que l'on surnomme déjà Louis Dieudonné, des traits les plus prometteurs. C'est la loi du genre. L'horoscope de Morin prévoit sa mort à quatre-vingts ans et donne des précisions sur ses maladies et ses mariages : « Le roi aura mal à l'œil gauche, tellement qu'il verra moins bien de cet œil […], à treize ans et dix mois, le roi sera malade à cause de catarrhe […], son épouse sera par naissance égale au roi, étrangère et d'une contrée éloignée de son royaume […], s'il vient à une seconde union, sa femme sera de la nature de Jupiter, et il pourra en espérer des fils… »

◀ ***Louis XIII, par Philippe de Champaigne.***
Louis XIII est de caractère mélancolique, jaloux de son autorité et peu affectueux envers son épouse.
(Paris, musée du Louvre)

◀ ***Anne d'Autriche, par Charles Beaubrun.***
Vive et enjouée, elle possède un tempérament qui contraste avec la froideur de Louis XIII.
(Versailles, musée national du Château)

LOUIS ET ANNE

Le visage froid, les traits longs et osseux, la lèvre épaisse, Louis XIII est la mélancolie incarnée. Tout en lui dénote la tristesse chronique, l'apathie sombre, fruit d'une névrose qui remonte à l'enfance. A-t-il vraiment surmonté l'assassinat de son père, Henri IV, et l'indifférence glaciale de sa mère, l'altière Marie de Médicis ? On peut en douter.

PIÉTÉ, SOLITUDE ET ORGUEIL

Tout roi qu'il est, Louis bégaie, manque de confiance en lui. Il semble se fuir lui-même, ne trouvant de plaisir que dans l'errance, les longues chevauchées dans la campagne et les voyages aux armées. Les femmes le rebutent. Il n'entretient que deux chastes liaisons avec des demoiselles d'honneur de sa femme, Marie de Hautefort et Louise de La Fayette. Cette dernière se fera religieuse au couvent de la Visitation Sainte-Marie, rue Saint-Antoine. Manifestement, il leur préfère les amitiés masculines avec des compagnons de chasse ou de guerre : Luynes, Barradas, Saint-Simon, Cinq-Mars… Si ses tendances homosexuelles ne font aucun doute, c'est en même temps un être d'une piété scrupuleuse, profondément marqué par la morale chrétienne, et l'on peut penser qu'il s'est toujours gardé de passer à l'acte. L'homme est complexe. Si, dans la vie privée, il a les goûts simples d'un campagnard, il garde au fond une fierté insondable, mélange d'orgueil et de susceptibilité, ainsi qu'un sentiment particulièrement fort de la grandeur et de l'éminente dignité de ses fonctions. Roi de France, oint du Seigneur, il se sait d'une autre nature que le commun des mortels. Et de cela il s'efforce toujours de se montrer digne, ce qui ne lui est pas toujours facile, car il a ses colères, ses rancunes et ses mesquineries.

PIÉTÉ, GAIETÉ ET COQUETTERIE

Voici son épouse, Anne d'Autriche, fille du roi d'Espagne Philippe III ; elle est fière et orgueilleuse, elle aussi, comme tous les Habsbourg, mais très différente de son mari. Pleine de vie, coquette et gourmande, elle aime le luxe, les beaux linges, les vêtements élégants et les appartements raffinés. Au physique ascétique de son royal époux elle oppose des traits habsbourgeois un peu lourds, qui iront en s'empâtant. Elle est belle pourtant, avec sa peau d'albâtre exquise, ses yeux verts, sa lèvre sensuelle et ses longs cheveux châtain clair. Comme son mari, elle est d'une grande piété, assortie d'une

◀ *La chapelle du Val-de-Grâce (Paris). Malheureuse à la Cour, Anne d'Autriche se réfugie souvent dans le couvent des religieuses du Val-de-Grâce.*

Madame de Chevreuse, éternelle conspiratrice (1600-1679)

Marie-Aimée de Rohan-Montbazon se marie en 1617 avec le connétable de Luynes. Surintendante de la maison de la reine, elle épouse en secondes noces Claude de Lorraine, duc de Chevreuse. C'est une séductrice, dont on ne compte pas les amants, et surtout une femme remuante, sans scrupules, dévorée par le goût des intrigues, qu'elle multiplie et complique à plaisir. Elle exerce une influence néfaste sur la reine, agissant moins par ambition ou idéal politique que par fantaisie et goût de la chimère. Elle n'hésite pas à user de ses charmes pour réussir ses desseins échevelés. « La France, dira Mazarin, n'a été calme que quand elle n'était pas là. » Après la Fronde, elle contribue à l'arrestation de Fouquet et marie son petit-fils à la fille de Colbert. Ce « diable », comme l'appelait Louis XIII, meurt dans l'ancien prieuré bénédictin désaffecté où elle s'est retirée. *(Ci-contre,* La Duchesse de Chevreuse, *Arras, musée des Beaux-Arts)*

sensibilité ostentatoire tout espagnole : elle assiste à de nombreuses messes et prières, les visites d'innombrables sanctuaires et les aumônes absorbent l'essentiel de son temps…

UN MÉNAGE MAL ASSORTI

Mariés en octobre 1615, Louis et Anne sont contraints par l'autoritaire Marie de Médicis – pressée de rendre cette union indissoluble – de consommer leur mariage le soir même de leurs noces : ils n'ont que quatorze ans ! C'est un traumatisme qui les éloigne l'un de l'autre. Pendant vingt-deux ans on soupçonne Anne d'être stérile. En fait, elle est victime d'au moins deux fausses couches. Cette incapacité à donner un héritier à la Couronne est vécue par Louis XIII comme un drame personnel, comme une malédiction divine. Leur mésentente s'accroît encore en raison de la politique impétueuse du cardinal de Richelieu, qui s'oppose à la maison d'Autriche et gouverne le pays d'une main de fer. Il acquiert sur le roi une influence prépondérante et s'immisce dans ses affaires les plus personnelles, y compris sa vie privée de couple qui, il est vrai, devient au plus haut point une affaire publique. L'amourette d'Anne la coquette avec le galant ambassadeur de Charles Ier d'Angleterre, le duc de Buckingham, aux cheveux roux et à la belle et fine moustache, est bien innocente. Mais elle avive la jalousie ombrageuse de son mari, qui prend sa femme en horreur et se met à la persécuter. Humiliée, la pauvre délaissée commet erreur sur erreur.

MENACÉE DE RÉPUDIATION

Anne se laisse alors entraîner par son mauvais ange, la duchesse de Chevreuse. Après l'entrée en guerre de la France contre l'Espagne et l'Empereur en 1635, on lui reproche d'entretenir une correspondance secrète avec son frère, Philippe IV, qui a succédé à son père Philippe III. Ce n'est point faux. Chiffrées et écrites à l'encre sympathique par son fidèle serviteur La Porte, ses lettres partent du Val-de-Grâce pour Madrid. Heureusement, Anne ne connaît aucun secret militaire ! Le cardinal intervient : il fait embastiller La Porte et fouiller l'appartement de la reine par le chancelier Séguier. Elle est sur le point d'être répudiée et enfermée. Pour éviter ce désastre, elle signe des aveux écrits, par lesquels elle regrette ses mensonges et ses dissimulations. Le roi, radouci, lui pardonne, ajoutant au bas de cette singulière confession qu'il accepte d'oublier le passé et de vivre « comme un bon roi et bon mari doit faire avec sa femme ». Étranges rapports…

◄ *Les enfants royaux et leur gouvernante.* *C'est à Françoise de Souvré qu'est confiée l'éducation des enfants de France.* (*Versailles, musée national du Château*)

Le plaisir de la promenade. ► *Louis XIII est un père austère qui voit peu son fils, sauf dans de rares moments de détente, tels la promenade.* (*Paris, B.N.F.*)

◄ *Ex-voto représentant le Dauphin.* *La reine l'offrit à la sœur Marguerite, religieuse du Carmel de Beaune, en remerciement de ses prières pour la naissance d'un Dauphin.* (*Carmel de Beaune*)

L'ENFANT DE LA NÉCESSITÉ

La crise du ménage est d'une portée incalculable. Si les époux ne parviennent à donner un enfant au pays, la couronne passera au frère du roi, Gaston d'Orléans, prince veule et faible, soumis aux grands, qui n'a eu de cesse jusque-là de conspirer contre l'œuvre de redressement de Richelieu. Louis XIII étant de tempérament valétudinaire, son accession au trône peut arriver vite. Dans ce cas, la France s'inclinera devant l'aigle à deux têtes hispano-impérial et abandonnera son indépendance et son rang.

UNE « TRÈS HEUREUSE NOUVELLE »

Le cardinal, jusque-là hostile à Anne d'Autriche, a hautement conscience de l'enjeu. Aussi pousse-t-il le roi dans ses bras. Lorsque Louis se rend au couvent de la Visitation, rue Saint-Antoine, pour y confier ses peines et ses soucis à la jeune Mlle de La Fayette, son amante platonique devenue religieuse, celle-ci lui tient le même discours : afin d'assurer la succession, il lui faut avoir un enfant de la reine ! Les âmes pieuses et les fidèles de Richelieu se mobilisent pour faire triompher ce dessein. Anne est loin d'y être hostile : elle a compris que le meilleur moyen d'affermir sa situation est encore la maternité. À cet effet, elle ne néglige aucun pèlerinage, aucune source ou fontaine miraculeuse, multiplie les dévotions envers les saints et saintes réputés pour les grâces qu'ils obtiennent du ciel dans ces cas-là : sainte Anne, saint François, saint Léonard, saint Fiacre, saint Norbert… À la fin de janvier 1638, l'espérance d'une « très heureuse nouvelle » est connue de la Cour et officiellement confirmée peu après.

LE ROI-SOLEIL ÉTAIT-IL UN ENFANT DE L'ORAGE ?

L'anecdote du roi en route vers le château de Saint-Maur, au soir du 5 décembre 1637, surpris par l'orage au couvent de la Visitation, poussé par sœur Angélique – Mlle de La Fayette – à se réfugier au Louvre chez la reine, où se trouve le seul lit du palais, tandis que toutes les religieuses se mettent en prière, a longtemps fait figure de vérité historique. C'est en fait une légende forgée au XVIIIe siècle, la date ne coïncidant pas avec celle de la conception de l'enfant, qui se situerait entre le 23 et le 30 novembre. Ce qui est certain, en revanche, c'est que Louis XIV ne fut pas le fils de Richelieu – une absurdité ! – ni celui du cardinal Mazarin, absent de France, ni d'un imaginaire amant d'Anne d'Autriche.

L'extrême piété de celle-ci permet d'écarter ces fantaisies. On imagine mal du reste comment, après l'affaire du Val-de-Grâce, surveillée jour et nuit par des espions, elle aurait pu entretenir une liaison clandestine. Prendre des risques n'était guère dans son tempérament lymphatique. Ajoutons enfin, pour mettre un terme à une légende tenace, que la reine, accouchant en public, ne mit pas au monde des jumeaux…

DANS L'ATTENTE PROPHÉTIQUE

La grossesse royale se déroule dans une atmosphère de piété ardente, à la Cour comme dans tout le royaume. Les relations du roi et de la reine retrouvent un cours harmonieux. La naissance d'un Dauphin a été prophétisée par plusieurs mystiques qui avaient déjà reçu des grâces du ciel : la révérende mère Jeanne de Matel, fondatrice de la maison du Verbe incarné, le frère Fiacre de Sainte-Marguerite, un augustin déchaussé, la sœur Marguerite du Saint-Sacrement, une carmélite de Beaune. Dans toute la France, on récite de nombreuses prières pour l'heureuse délivrance de la reine. L'opinion publique reçoit les échos de cet enthousiasme par la voix du *Mercure françois* : « La France conçoit une espérance certaine du plus insigne bonheur qui lui soit arrivé sous ce règne auguste et plein de merveilles, savoir la naissance d'un Dauphin que Dieu réserve à cette année… » (15 mars 1638).

LE VŒU DE LOUIS XIII

Le 15 août 1638, le roi consacre solennellement sa personne, son État et ses sujets à la Vierge et la prend comme protectrice spéciale du royaume : « Dieu qui élève les rois au trône de leur grandeur, non content de nous avoir donné l'esprit qu'il départ à tous les princes de la terre pour la conduite de leurs peuples, a voulu prendre un soin si spécial, et de notre personne, et de notre État, que nous ne pouvons considérer le bonheur du cours de notre règne sans y voir autant d'effets merveilleux de sa bonté que d'accidents qui nous pouvaient perdre […]. Tant de grâces si évidentes font que, pour n'en différer pas la reconnaissance, sans attendre la paix qui nous viendra sans doute de la même main dont nous les avons reçues […], nous avons cru être obligés […] nous consacrer à la grandeur de Dieu par son Fils rabaissé jusqu'à nous, et à ce Fils par sa Mère élevée

Gaston d'Orléans (1608-1660)

Gaston Jean-Baptiste, duc d'Anjou puis d'Orléans (1608-1660), est le frère cadet de Louis XIII. De son premier mariage avec Marie de Montpensier, il a eu une fille, Anne-Marie-Louise d'Orléans, dite la Grande Mademoiselle. De ses secondes noces avec Marguerite de Lorraine, naissent trois filles : Marguerite-Louise, mariée au grand-duc de Toscane, Élisabeth, unie au duc de Guise, et Françoise-Madeleine, qui épouse le duc Charles-Emmanuel II de Savoie. Cultivé, généreux, grand mécène et collectionneur avisé, il est le tenant d'une monarchie traditionnelle et tempérée, protectrice des parlements. Ennemi du cardinal de Richelieu et influencé par son entourage, il participe à toutes les conspirations contre l'homme rouge, sans pourtant ressentir de passion pour la politique : l'affaire Chalais (1626), la « grande cabale » avec Montmorency, les complots du comte de Soissons et du jeune marquis de Cinq-Mars… Les changements d'opinion de cet éternel hésitant seront de grande conséquence pendant la Fronde, contribuant à entretenir le désordre de l'État.

(Ci-dessous, Portrait équestre de Gaston d'Orléans, *Blois, musée du Château)*

La transmission ▶ du pouvoir. Le roi remet à son fils aîné l'orbe, symbole de la force royale. *(Mobilier national)*

Le baptême ▼ du Dauphin (20 avril 1643). Le baptême du futur roi, qui sera un jour l'« oint du Seigneur », revêt une importance toute particulière. *(Paris, B.N.F.)*

La Contre-Réforme en France

L'attente prophétique d'un futur Dauphin se déroule dans une atmosphère prégnante de renouveau religieux, issu du concile de Trente (1545-1563) et de la Contre-Réforme catholique. C'est une lame de fond spirituelle, à la fois théologique, catéchétique, sacerdotale, missionnaire, pastorale et ecclésiale, qui saisit l'ensemble de la chrétienté occidentale. En France, au début du XVIIe siècle, le cardinal de Bérulle et la toute nouvelle congrégation de l'Oratoire, la spiritualité de François de Sales et de Jeanne de Chantal et l'évangélisation des pauvres par saint Vincent de Paul sont autant de manifestations d'un profond désir de réformer la pratique catholique face au protestantisme…

jusqu'à lui; en la protection de laquelle nous mettons particulièrement notre personne, notre État, notre couronne et tous nos sujets pour obtenir par ce moyen celle de la sainte Trinité, par son intercession, et de toute la Cour céleste par son autorité et exemple… » Tel est le vœu que prononce Louis XIII, en 1638, en remerciement du rétablissement miraculeux de la situation militaire. Les contemporains font la relation entre cet acte solennel de dévotion et l'annonce de la grossesse de la reine.

LA FIN D'UN PÈRE REDOUTABLE

Après la naissance du Dauphin, la situation d'Anne s'améliore. Elle est confortée par la venue, au mois de septembre 1640, d'un second fils, Philippe, d'abord duc d'Anjou puis d'Orléans. Mais elle n'en reste pas moins sous haute surveillance du roi, toujours méfiant, et du cardinal. Mme de Lansac, gouvernante des enfants de France, chargée de l'éducation du Dauphin, leur sert d'espionne. L'enfant grandit dans la peur de son père, dont la maladive morosité l'effarouche. « Je suis très mal satisfait de mon fils, écrit Louis XIII à Richelieu. Dès qu'il me voit, il crie comme s'il voyait le diable et crie toujours à maman. Il faut lui faire passer ces méchantes humeurs et l'ôter de la reine le plus tôt qu'on pourra. » À ce père implacable, qui le juge en censeur et ne joue jamais avec lui, Louis est obligé de demander pardon à genoux.

De grands changements s'annoncent dans le royaume. Le 4 décembre 1642, Richelieu meurt à cinquante-huit ans. Le 20 avril 1643, Louis XIII, épuisé par la tuberculose et une maladie intestinale, sentant venir la fin, organise sa succession. Se méfiant toujours de sa femme, à qui la régence revient de droit, il cherche à la priver de la réalité du pouvoir. Il confie les fonctions de lieutenant général du royaume à Monsieur et institue un conseil souverain de régence, inamovible, dans lequel figurent, outre ce dernier, le cardinal Mazarin, le prince de Condé, le chancelier Séguier, ainsi que deux créatures de Richelieu, Claude Bouthillier et son fils Chavigny. Le Parlement enregistre cette déclaration le lendemain.

LE BAPTÊME DU DAUPHIN

Ce même jour, le Dauphin est baptisé. Sa marraine est la princesse de Condé et son parrain, le cardinal Mazarin. Faut-il croire au dialogue entre Louis XIII et son fils de quatre ans : « Comment vous appelez-vous à présent ? – Louis XIV, mon papa. – Pas encore, mon fils, pas encore ! Mais ce sera peut-être bientôt, si c'est la volonté de Dieu. » ? La mort, en effet, ne tarde pas à venir. Terrassé par des vomissements et des coliques terribles, Louis XIII expire le 14 mai. À quarante et un ans, il a déjà l'aspect d'un vieillard fatigué et décharné…

1637
La *Tulipomania*

C'est en Hollande, au tout début du XVIIe siècle, que naît la folie des tulipes. Apportées vers 1559 de Constantinople, ces fleurs rares et raffinées font bientôt l'objet des spéculations des amateurs et des boursicoteurs, et cet engouement augmente considérablement leur valeur. La tulipe est cotée à la Bourse de Haarlem, où elle atteint parfois des sommes extravagantes : 2 000 florins, par exemple, pour l'espèce *Amiral Lieskens*. Le bulbe d'une *Amiral Van der Eijck* pouvait valoir, en 1637, jusqu'à six fois et demie le salaire annuel d'un charpentier. On se ruine pour des oignons de tulipe, au point que ces fanatiques sont surnommés les « fous tulipiers ».
Les horticulteurs sont alors l'une des clefs de l'économie hollandaise : ils exportent vers l'Angleterre et la France, où se propage cette *tulipomania*.
On recherche, bien sûr, les espèces les plus rares, et c'est alors que naît le mythe de la tulipe noire. Résultat de croisements longs et difficiles, cette variété est pratiquement impossible à obtenir.
Une légende veut qu'un pauvre jardinier ayant réussi à en faire pousser une, tout le monde tenta de lui acheter cet oignon. Il refusa longtemps, puis consentit à le vendre à la Société des tulipes de Haarlem, pour la somme colossale de mille cinq cents florins. Les membres de l'association lui révélèrent alors qu'ils possédaient déjà des tulipes noires. Pourquoi donc avoir voulu acheter celle-ci aussi cher ? Pour la détruire, afin que la tulipe noire reste la fleur la plus rare, et donc la plus chère au monde. Cet engouement se manifeste dans les arts, certains riches amateurs commandant à des peintres des recueils de planches de tulipes d'une qualité extraordinaire. La folie des tulipes régresse lorsque les Anglais s'y lancent à leur tour. Des centres de production alimentant le marché de milliers d'oignons, la banalisation progressive de la tulipe, fleur désormais populaire, font baisser sa valeur, coupant enfin court à cette spéculation galopante.

La culture des tulipes. *Au cours des années 1630, la spéculation des tulipes prend une telle ampleur qu'elle devient le pilier de l'économie hollandaise. (Collection particulière)*

Naissance et enfance

Au XVIIe siècle, l'enfant est encore considéré comme un adulte en formation : on l'habille comme tel, on le traite comme tel, envoyant par exemple de jeunes garçons de douze ans faire la guerre. Pourtant, une évolution se dessine : le sentiment affectueux et l'attention portée aux « enfantillages » se font plus présents. Ce changement annonce une perception moderne de cette étape de la vie.

NOURRICE ALLAITANT UN ENFANT.
Il est courant dans les milieux favorisés de confier les nourrissons aux soins d'une nourrice. La mortalité infantile importante et ce précoce éloignement de l'enfant empêchaient les parents de s'attacher beaucoup au nourrisson. (Écouen, musée de la Renaissance)

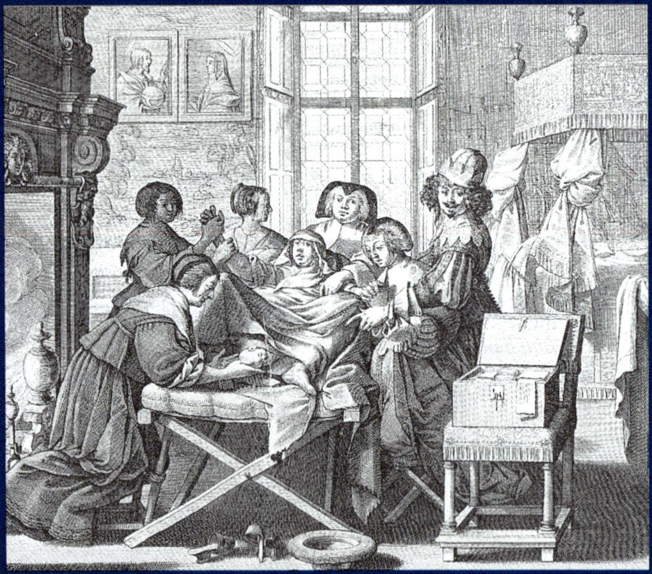

L'ACCOUCHEMENT, ***D'ABRAHAM BOSSE.***
En dépit de l'expérience des sages-femmes ou matrones, nombre de parturientes et de nourrissons meurent lors de l'accouchement. Les sages-femmes sont choisies pour leurs qualités morales, car elles sont souvent amenées à baptiser d'urgence le nouveau-né. (Paris, B.N.F.)

LES ENFANTS DU CONSEILLER HABER DE MONTMOR (1649).
Avoir de nombreux enfants est une garantie d'assurer sa descendance et de juguler la mortalité infantile. Mais les dames de la bourgeoisie et de l'aristocratie ne sont pas toujours disposées à assumer leur éducation et les confient volontiers à des nourrices, puis à des précepteurs. (Reims, musée Saint-Denis)

***S**IÈGE D'ENFANT. Exemple précoce de chaise haute, ce meuble témoigne de l'apparition, du moins dans les familles fortunées, d'un ensemble d'objets destinés spécifiquement aux petits enfants : l'idée d'enfance voit peu à peu le jour. (Paris, musée des Arts décoratifs)*

***E**X-VOTO DE 1648. Le taux de mortalité infantile reste très élevé au XVIIe siècle. Mais les parents ne semblent pas s'émouvoir outre mesure devant la mort d'un enfant : si une certaine indifférence persiste, les enfants, de plus en plus, suscitent l'intérêt, l'attendrissement et les soins des adultes. (Lille, musée de l'hospice Comtesse)*

Lit de justice

Séance solennelle au cours de laquelle le roi, accompagné de son chancelier, des princes du sang et des pairs ecclésiastiques et laïcs, vient réaffirmer à ses conseillers du Parlement sa pleine et entière puissance législative comme aux temps lointains de la *Curia regis*. Il lui est ainsi possible de faire enregistrer d'autorité les édits et déclarations, malgré l'opposition de la majorité des magistrats. Du dais qui surplombe le trône royal tombe un drap semé de lys d'or ; il s'agit d'un ciel de lit, qui donne son nom au « lit de justice ».

La déclaration de la régence (18 mai 1643). ▶ *Le petit roi préside cette séance du Parlement, garantissant ainsi la validité de cette décision.* *(Paris, B.N.F.)*

LES DOUCEURS DE LA RÉGENCE

Voilà donc Louis devenu roi. Poussée par l'instinct maternel, Anne d'Autriche – qui a longtemps soupiré après sa terre natale et participé aux intrigues contre son pays d'adoption –, cette faible femme inexpérimentée se métamorphose. Saisie par le sens de l'État, elle montre sa volonté farouche de défendre les droits de son fils.

LE CHOIX QUI SURPREND

Le 18 mai, le Parlement anéantit la déclaration du défunt roi et restitue à la mère triomphante « l'administration libre, absolue et entière des affaires du royaume ». Le petit roi, vêtu de violet, préside ce lit de justice inaugural, bredouillant l'unique phrase qu'on lui a apprise : « Messieurs, je vous suis venu voir pour vous témoigner mes affections ; M. le chancelier vous dira le reste. » C'est son premier acte politique !

Reste à choisir le nom du principal ministre. Anne stupéfie son entourage en désignant le cardinal Mazarin, créature de celui qui a été son pire ennemi, Richelieu, mais dont elle comprend maintenant le sens de l'action.

Anne d'Autriche et Jules Mazarin ! Que n'a-t-on dit et écrit sur ce couple singulier qui gouverne la France pendant la minorité de l'enfant-roi avec un sens de l'État, de la patrie que pourraient lui envier bien des princes du sang ! Qu'ils soient très fortement attirés l'un vers l'autre, qu'ils s'aiment tendrement ne laisse aucun doute. Leur correspondance, emplie de signes cabalistiques, est brûlante. Une certitude pourtant : ils ne furent jamais unis par un mariage secret. Mazarin, choisi pour être parrain de Louis XIV, ne pouvait, au regard de l'Église, épouser – même secrètement – la mère de celui-ci. Du reste, à la fin de sa vie, il envisageait de recevoir la prêtrise pour postuler à la tiare, ce qu'un mariage antérieur aurait évidemment interdit. Furent-ils amants ? Les historiens en débattent, mais c'est peu vraisemblable. La reine, d'une profonde piété, n'aurait pu vivre quotidiennement ni communier chaque dimanche dans un état de péché mortel. Chez elle, l'orgueil de la naissance était plus fort encore que l'amour.

GIULIO, LE SÉDUCTEUR

Italien, originaire des Abruzzes, Giulio Mazarini – francisé en Jules Mazarin – naît en 1602. Fils de l'intendant du connétable de Naples, il fait de solides études chez les jésuites, part se perfectionner en Espagne et revient en Italie. Il obtient le

La bataille de Rocroi ▶ (10-19 mai 1643). *Cette victoire décisive rend à la France l'espoir de voir s'achever enfin sa longue guerre avec l'Espagne.* *(Chantilly, musée Condé)*

Anne d'Autriche en ▲ costume de veuve. *Devenue régente, la reine révèle son sens de la politique et de l'autorité.* *(Paris, musée du Louvre)*

Le cardinal Mazarin ▶ (1602-1661), par Mignard. *Habile diplomate et fin politique, il prend en main les destinées de la France sous la régence.* *(Chantilly, musée Condé)*

bonnet de docteur en droit et se voit confier la charge de capitaine dans l'armée pontificale. Cependant, la diplomatie l'attire. Le pape Urbain VIII l'encourage dans cette voie, où il fait vite merveille. Grâce à la virtuosité de ses talents de négociateur, il maintient la paix entre la France et l'Espagne. En octobre 1630, les armées des deux pays sont prêtes à s'affronter devant la place de Casal, dans le Montferrat italien. Au moment de l'attaque, il surgit au galop au milieu des lances et des cuirasses en agitant une écharpe blanche et criant : « *Alto*! *Alto*! *Pace*! *Pace*! » Il réussit à imposer une trêve, consolidée par la paix de Cherasco, en 1631. Ce brillant succès lui vaut de gravir rapidement les échelons de la diplomatie vaticane : le voici vice-légat du pape en Avignon puis, à partir de 1634, nonce à Paris. Bien qu'il ne soit pas prêtre, il porte l'habit ecclésiastique et se fait appeler *monsignore*.

L'ASCENSION DE MAZARIN

Richelieu, qui apprécie ses dons, l'attache à son service, lui obtient des lettres de naturalité et la barrette de cardinal. Mazarin a alors quarante ans : pour cet homme séduisant à qui tout réussit, c'est le bel âge ! Il porte une élégante moustache, a des yeux rêveurs et des cheveux châtains, un visage fin, délicat, plein de douceur. La calotte de prince de l'Église masque une calvitie naissante. On murmure qu'il ressemble au duc de Buckingham, et ce trait a peut-être joué dans le choix de la reine. Un fait est certain : Mazarin a eu l'habileté d'entretenir l'amitié de la reine tout en faisant partie de l'équipe politique du grand cardinal. En outre, il présente l'avantage d'être un homme seul, sans fortune, à qui ni le Parlement, ni Monsieur, ni le prince de Condé n'ont fait jurer fidélité. Anne d'Autriche pense qu'il sera sa créature.

« LA REINE EST SI BONNE »

La régence commence sous les meilleurs auspices. Elle s'ouvre sur l'éclatante victoire de Rocroi, que remporte le 19 mai le jeune duc d'Enghien, fils du prince de Condé, sur la redoutable infanterie espagnole de don Francisco de Mello. Les Français alignent 16 000 fantassins, 12 canons et 8 000 cavaliers et les Espagnols, 9 000 cavaliers, 18 000 hommes de pied, dont les fameux *tiercios* (arquebusiers, piquiers...), et 18 canons. Les troupes françaises perdent 2 000 hommes, mais les Espagnols, eux, comptent 8 000 morts et 7 000 blessés et prisonniers. Coiffé d'un chapeau à plumes blanches, Enghien s'y conduit en héros et y acquiert sa réputation de brillant général. La prise de Thionville, durant l'été, écarte le risque d'invasion du territoire. À l'intérieur, la disparition de l'homme rouge apporte une certaine douceur de vivre que l'on n'a pas connue depuis longtemps. Les grands du

Le Palais-Royal. *Il devient le centre de la vie politique de la régence, lorsque la Cour s'y installe en 1643.* (Paris, B.N.F.)

royaume respirent, les exilés reviennent – Mme de Chevreuse, par exemple – avec leurs aigreurs, leur appétit d'intrigues et leur désir féroce de rattraper le temps perdu. « La reine est si bonne » : à eux seuls, ces quatre petits mots, selon le cardinal de Retz, résument la situation.

LA CABALE DES IMPORTANTS

Pour l'aristocratie de cour, orgueilleuse, violente, brouillonne, querelleuse et nourrie de rêveries féodales, pour les proscrits qui n'ont rien appris ni oublié, le temps paraît venu de relever la tête et de mettre un terme à cette monarchie absolutiste, mue par une dangereuse ardeur centralisatrice. Par dérision, on appelle ces gens les Importants. Leur chef de file est un matamore blondin, brave et dénué de cervelle, François de Vendôme, duc de Beaufort, petit-fils d'Henri IV et de Gabrielle d'Estrées. Les Luynes, les Rohan et les Guises le soutiennent, avec, au premier rang d'entre eux, l'ancienne amie de la reine, la duchesse de Chevreuse. Animés d'une haine frénétique envers Mazarin, ils projettent de l'assassiner, pensant que, une fois celui-ci éliminé, la régente indolente deviendra un instrument docile entre leurs mains et que le royaume leur appartiendra sans réserve.

LA RÉPRESSION DU COMPLOT

La réplique ne se fait pas attendre, implacable, foudroyante. Qui redoute l'Éminence ? L'homme semble tellement affable et onctueux, si bienveillant même pour ses ennemis. Son cocasse accent italien, dont on se gausse dans les salons, donne à son portrait une touche si comique. Le *signore* Mazarini, doux félin à la moustache fine et à l'échine souple, montre pourtant qu'il a aussi des griffes : Beaufort, surnommé « le roi des Halles » en raison de sa popularité, est arrêté et enfermé au donjon de Vincennes. Mme de Chevreuse est à nouveau exilée, de même que le marquis de Châteauneuf, son amant, l'ancien garde des Sceaux qu'elle cherchait à imposer au gouvernement à la place de Mazarin. Pour bien marquer qu'une ère nouvelle s'ouvre, la Cour abandonne le Louvre et s'installe au Palais-Cardinal, rebaptisé Palais-Royal.

Les Condés

À l'origine de cette famille princière se trouve Louis Ier de Bourbon, prince de Condé, comte de Soissons, oncle paternel d'Henri IV. Sous Louis XIII, son petit-fils, Henri II, prince de Condé (1588-1646), premier pair et grand-maître de France, duc de Châteauroux, d'Albret, de Bellegarde, gouverneur de Guyenne, de Nancy et de Lorraine, est chef de famille. Il épouse en 1609 Charlotte de Montmorency, dernière passion amoureuse d'Henri IV, qui lui donne trois enfants : Anne-Geneviève de Bourbon-Condé (1619-1679) qui épouse en 1642 Henri II d'Orléans, duc de Longueville ; Louis II de Bourbon, duc d'Enghien, puis prince de Condé, dit le Grand Condé (1621-1686) ; et Armand, prince de Conti (1629-1666).

(Ci-contre, Henri Jules de Bourbon, cinquième prince de Condé *(1643-1709), Paris, B.N.F.)*

1645 - La gloire de Nördlingen

Alors que l'Espagne poursuit, avec un succès diminué par sa défaite à Rocroi en 1643, sa politique d'avancée en Flandre, les Français, partant d'Alsace, pénètrent de plus en plus loin en Allemagne. En mars 1645, Turenne met en marche son armée en direction de la Bavière. Les troupes bavaroises, conduites par le général lorrain Mercy, freinent d'abord son avancée en lui infligeant une lourde défaite à Marienthal, le 3 mai.

Le duc d'Enghien accourt alors au secours de Turenne, à qui il amène le renfort de 6 000 fantassins et d'environ autant de cavaliers. Une fois opérée leur jonction avec les troupes de Turenne, Les Français disposent d'une armée de 28 000 hommes et de 27 canons.

Le 3 août 1645 au matin, Enghien atteint le village d'Allerheim, près de Nördlingen, dans le cercle de Souabe, où les troupes de Mercy se fortifient. Il décide de mener l'attaque sans attendre. Un premier assaut se solde par une semi-déroute.

Mais Mercy est tué d'une balle et sa mort freine l'élan de ses hommes. Pourtant, ceux-ci parviennent encore à repousser la cavalerie de Turenne. Enghien donne un nouvel assaut vers la fin de l'après-midi, avec le renfort de troupes fraîches. Grâce à un mouvement tournant, Turenne et Enghien réussissent à prendre l'infanterie ennemie à revers.

Au milieu de la nuit, les Bavarois se replient : la victoire est totalement acquise aux Français. Chaque camp compte environ 3 000 morts ; c'est une victoire sanglante, chère en hommes. Mais Nördlingen est aussi la dernière bataille qui oppose la France à l'Allemagne avant la signature des traités de Westphalie, en 1648.

Louis II de Bourbon-Condé, duc d'Enghien (1621-1686).
Vainqueur de Rocroi à vingt-deux ans et de Nördlingen à vingt-quatre, il doit à son génie militaire son surnom de Grand Condé. Il poursuit sa brillante carrière jusqu'en 1674. (Chantilly, musée Condé)

Portrait du Grand Condé

Le Grand Condé marque fortement la première moitié du règne de Louis XIV. Son rôle dans la Fronde, suivi de son ralliement au roi, son génie militaire, qu'il met au service de son cousin Louis XIV, son goût pour les lettres et les arts, sa cour de Chantilly enfin, font de ce prince du sang l'héritier de la tradition et le premier sujet de l'absolutisme monarchique.

LOUIS II DE BOURBON, DIT LE « GRAND CONDÉ » (1621-1686) ET SON FILS HENRI JULES. *Prince du sang, Condé se voit contraint d'épouser la nièce de Richelieu, Claire-Clémence de Maillé-Brézé. Il s'illustre à la guerre par sa valeur. Louis XIV dit de lui : « Voilà le chemin que tient mon cousin, qui est celui d'un prince accompli. » (Versailles, musée national du Château)*

HERCULE PEIGNANT LE PORTRAIT DU GRAND CONDÉ, *PAR NICOLAS EUDE*. *Héros célèbre pour son courage guerrier, Hercule est ici représenté au service de Condé, dont il peint lui-même le portrait. Le prince est un fin connaisseur des arts, et protège les artistes, mais se montre relativement modeste sur ses brillants succès militaires. (Versailles, musée national du Château)*

JEAN DE LA BRUYÈRE (1644-1696). *Le prince de Condé, dont l'étendue de la culture cause l'admiration des grands esprits de son temps, est un mécène éclairé des arts et des lettres, surtout lors de sa retraite à Chantilly. Parmi les nombreux écrivains qui passent par sa cour et jouissent de la protection de Monsieur le Prince, figurent Racine, La Fontaine, Boileau, ou encore La Bruyère, dont Condé apprécie les œuvres. (Versailles, musée national du Château)*

ÉVOCATION DE LA BATAILLE DE ROCROI EN 1643. *Cette éclatante victoire sur les Espagnols confère à Condé, alors duc d'Enghien, la gloire militaire. Malgré l'infériorité numérique de ses troupes, il remporte la bataille sur les tercios espagnols réputés invincibles, sauvant ainsi la France d'une invasion certaine. (Versailles, musée national du Château)*

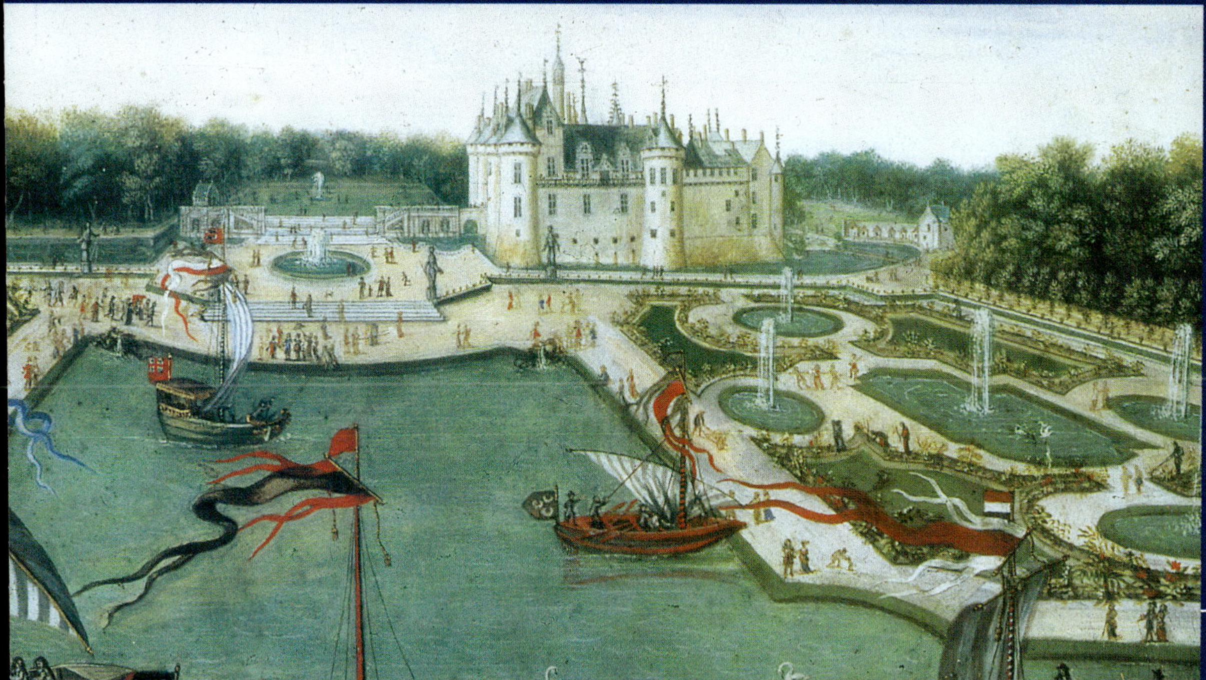

LE CHÂTEAU DE CHANTILLY. *Confisqué en 1632 à son propriétaire rebelle Henri de Montmorency, ce domaine revient à Condé par sa mère en 1643 grâce à l'intervention d'Anne d'Autriche. Monsieur le Prince entreprend des travaux de restauration et d'agrandissement, confiés à Le Nôtre pour les jardins et à Mansart pour le château. Dévasté sous la Révolution, le château est reconstruit entre 1875 et 1881 par le duc d'Aumale (Chantilly, musée Condé)*

François La Mothe ▶ Le Vayer (1588-1672). *Libertin modéré, auteur de livres de morale et d'histoire, il est l'un des précepteurs du roi.* *(Versailles, musée national du Château)*

Mazarin et Louis XIV ▼ enfant. *« Surintendant du gouvernement du roi », Mazarin est responsable de l'éducation de son filleul. Il choisit donc ses gouverneurs et précepteurs, et surveille attentivement leur enseignement.* *(Paris, B.N.F.)*

« L'INSTITUTION DU PRINCE »

La reine et le cardinal peuvent enfin se consacrer à l'éducation de l'enfant-roi, vers qui se portent tous les espoirs du pays. Dans l'ancienne monarchie, ce que l'on appelle l'institution du prince fait l'objet d'une attention toute particulière et donne lieu à de nombreux traités et mémoires.

LES ÉDUCATEURS DU ROI

En mai 1644, Hardouin de Beaumont de Péréfixe, l'ancien camérier de Richelieu et futur archevêque de Paris, est nommé précepteur du roi, charge qu'il partage à partir de 1652 avec l'académicien La Mothe Le Vayer. Louis XIV reçoit en outre un gouverneur, le marquis de Villeroy, et deux sous-gouverneurs, Du Mont et La Bourlie. Ces charges sont en fait pour l'essentiel honorifiques. C'est à Mazarin qu'incombe le soin de superviser l'éducation des enfants royaux, avec le titre de « surintendant au gouvernement et à la conduite de la personne du roi et de celle de M. le duc d'Anjou ».
Avec l'abbé de Péréfixe Louis apprend le latin – assez pour être capable, à treize ans, de traduire quelques chapitres des *Commentaires* de César –, la morale et l'histoire. Il prend goût à cette dernière matière en lisant les chapitres de l'*Histoire de Henri le Grand*, rédigés au fur et à mesure par le précepteur. Quand Louis XIV était tout enfant déjà, La Porte, son valet de chambre, lui lisait le soir, avant son sommeil, quelques passages de l'*Histoire de la France* de Mézeray. Une armée d'autres éducateurs s'occupe aussi de lui : un lecteur de la Chambre, un professeur de mathématiques, d'écriture – ou « écrivain » –, d'italien, de dessin, de guitare, de luth…

« UN RURAL FORCENÉ »

Contrairement à ce que prétend Saint-Simon dans ses *Mémoires*, Louis XIV ne reçoit nullement une éducation négligée. En revanche, il se montre un élève peu studieux, préférant aux études la danse, les exercices de plein air ou les promenades. À treize ans, on le remarque comme premier danseur dans le *Ballet de Cassandre*. Il excelle en équitation, que lui enseigne un maître italien, Arnolfini, gentilhomme de Lucques, et aime jouer à la paume dans les jardins du Palais-Royal. Très jeune, il s'initie à la chasse, le sport préféré des Bourbons, et fait ses premières armes avec une petite arquebuse que lui a confectionnée son père et qui lui permet

Le fort royal.
Afin d'initier le jeune roi par les jeux aux problèmes pratiques de la guerre, le cardinal Mazarin fait construire ce camp fortifié dans le jardin des Tuileries.
(Paris, B.N.F.)

◀ ***Louis XIV partant pour la chasse.***
Très tôt, le roi montre son goût pour cette activité appréciée de tous ses prédécesseurs.
(Chantilly, musée Condé)

de tirer les moineaux. Sitôt qu'il sait monter à cheval, il prend part à de nombreuses battues dans les bois encore très giboyeux de Boulogne et de Vincennes. Comme l'a dit Jean de La Varende, Louis XIV sera toujours un « rural forcené ».

LE FUTUR « ROI DE GUERRE »

Un maître particulier lui enseigne l'exercice des armes : tirer au mousquet et présenter la pique ; un autre lui apprend le maniement de l'épée, courte ou longue. Mazarin, son parrain, lui fait construire pour ses neuf ans un fort en réduction dans le jardin des Tuileries, dans lequel il peut à loisir s'amuser avec les enfants de son âge et s'initier à l'art difficile de disposer les camps. La guerre est un élément essentiel de son éducation. Un monarque ne doit pas seulement faire la preuve de sa sagesse en rendant la justice à son peuple ou administrer avec clairvoyance les affaires de l'État ; il doit aussi être un « roi de guerre », selon l'expression de l'historien Joël Cornette. Cette fonction est même l'un des attributs les plus importants de la souveraineté.

LE BILAN DE « L'INSTITUTION DU PRINCE »

Que retenir de ces années d'enfance ? Louis est un enfant facile, aimable, poli, goûtant la plaisanterie, mais aussi sérieux et grave. Très vite, il prend conscience d'incarner l'autorité. De son père, très tôt disparu, il garde peu de souvenirs, sinon celui d'un être lointain, dominé par l'un de ses sujets, ce qu'il réprouve vivement. Au cours de sa vie il y fera rarement allusion. Sa mère, au contraire, le marque fortement de son empreinte, aussi bien dans le domaine moral que politique. Elle lui inculque de solides qualités, le respect de la parole donnée, l'horreur du blasphème et du péché en général, mais laisse se développer, sans les réprimer, l'amour-propre, le goût de la domination, l'orgueil monarchique. Grave et sérieux, on l'a dit, il est aussi un garçon secret et timide, souffrant des moqueries de ses compagnons de jeu – Tréville, Lesdiguières, les fils de Loménie de Brienne, du duc de Coislin, des marquis de Mortemart et de La Châtre –, qui rient de sa gaucherie, de ses airs alanguis et de sa lenteur d'esprit. Il en conçoit ce que l'on appellerait aujourd'hui un « complexe d'infériorité », qui est sans doute l'un des ressorts de sa personnalité.

◀ ***Carte des généralités (circonscriptions financières) de la France (1652-1653).*** *Constituée par l'assemblage d'une dizaine de cartes de généralités particulières, cette carte fait apparaître clairement les limites de chacune d'elles.* (Paris, B.N.F.)

Henri II d'Orléans, duc de Longueville (1595-1663). ▶ *Gouverneur de Picardie, puis de Normandie, il appartient à une famille illustre du royaume, apparentée au roi.* (Paris, B.N.F.)

LE POUVOIR ET LA SOCIÉTÉ D'ORDRES

À l'avènement de Louis XIV, le royaume de France est le pays le plus peuplé d'Europe – près de 21 millions d'habitants dans les frontières actuelles – et le plus riche par sa diversité géographique et climatique et la solidité de sa paysannerie – plus de 80 % de la population. Que l'appareil fiscal, malgré ses imperfections criantes, tire des provinces plus de mille tonnes d'argent fin par an, prouve la solidité de son assise financière. Pourtant, le pays est loin d'être unifié.

LE ROYAUME DE LA DIVERSITÉ

La langue française – parlée essentiellement par la noblesse et la bourgeoisie – reste minoritaire, largement distancée dans les campagnes par les dialectes et les patois. Le même droit ne s'applique pas partout. Au nord, domine le droit coutumier – avec de grandes différences entre la coutume de Paris et celle de Normandie ou de Bretagne ; au sud, le droit écrit, d'origine romaine. Sur le plan administratif, il faut distinguer les pays d'états, où les représentants des trois ordres votent le montant de leur impôt direct, des pays d'élections, dans lesquels celui-ci est déterminé par l'administration royale. Il n'y a pas moins de six régimes de gabelle – le célèbre et fort impopulaire impôt sur le sel – suivant les régions. Quant aux frontières, elles sont mal définies, grevées d'enclaves, peu sûres, perméables aux invasions venues de l'est ou du sud. La France, qui représente environ 470 000 km^2, n'englobe ni l'Artois, ni la Flandre maritime, ni l'Alsace, ni la Lorraine – à l'exception des Trois-Évêchés, Metz, Toul et Verdun –, ni la Franche-Comté, ni la Savoie, ni le comté de Nice, ni le Roussillon…

UNE SOCIÉTÉ D'ORDRES

La société d'Ancien Régime repose sur une organisation lignagère et clanique : l'individu s'insère dans différents corps, au premier rang desquels figure sa famille, au sens large, presque romain du terme, cette *gens*, grande fratrie des temps anciens qui s'étend aux neveux et cousins les plus éloignés. Il s'insère aussi dans un certain nombre de communautés hiérarchisées – corporations et métiers, confréries laïques, communautés religieuses, chapitres, universités et académies, provinces, pays, villes et communautés d'habitants… S'il ne fait pas partie d'un ordre particulier, du moins est-il intégré dans l'un des trois grands ordres qui structurent la société – clergé, noblesse ou tiers état – avec un « rang », un « degré ».

Le chancelier ▶ Séguier (1588-1672). *C'est par ses compétences et par la confiance que lui porte Richelieu qu'il accède à la charge capitale pour le gouvernement royal de chancelier de France.*
(Paris, musée du Louvre)

Pierre Séguier (1588-1672)

Son premier ancêtre connu, Blaise Séguier, marchand épicier, est mort en 1510. Comme toutes ces familles de la riche bourgeoisie, les Séguier aspirent à la noblesse et achètent des fiefs et des offices de finance et de justice. Le petit-fils de Blaise, Pierre, possède déjà des seigneuries et fait l'acquisition en 1555 d'une charge de président à mortier. Il s'enrichit par des missions que lui confie le roi et des prêts à intérêt qu'il consent à la noblesse désargentée. Son fils Jean est lieutenant civil à Paris, et son petit-fils Pierre, le futur chancelier, épouse Madeleine Fabri, fille d'un conseiller des finances destinées à la guerre, qui lui apporte 90 000 livres de dot. Conseiller au Parlement, Pierre devient maître des requêtes. En 1624, nommé conseiller d'État, il reçoit par héritage une charge de président au Parlement. Garde des Sceaux en 1633, il est chancelier en 1635, accédant au sommet de la hiérarchie judiciaire. Il poursuit l'édification de sa fortune et devient baron de Saint-Brisson, comte de Gien, puis baron de Saint-Liébault. En 1650, avec le titre de duc de Villemor, il accède à la très haute noblesse. Sa fortune est évaluée à près de trois millions de livres. L'une de ses filles épouse un neveu de Richelieu, l'autre, le duc de Verneuil, bâtard d'Henri IV.

PRÉDOMINANCE DE LA NOBLESSE

La France, dans la première moitié du XVIIe siècle, est encore très largement dominée par la strate supérieure de la noblesse : celle des ducs et pairs, héritiers des feudataires d'autrefois, possesseurs de richesses immenses, cumulant fiefs, dignités et charges. Très souvent, les grands exercent les fonctions de gouverneur de province dans lesquelles ils représentent le roi. De fait, leur autorité personnelle est considérable dans ces « fiefs » qui, parfois, se transmettent de génération en génération. À l'origine, strictement militaires, leurs pouvoirs se sont étendus à de nombreux domaines, en dépit des efforts de Richelieu pour les réduire. Ainsi, en 1643, le gouvernement de Normandie « appartient » à Henri II d'Orléans, duc de Longueville, la Bourgogne au prince Henri II de Condé, l'Île-de-France à Hercule de Rohan, duc de Montbazon, et le Dauphiné à François de Créqui, duc de Lesdiguières... Dans leur zone d'influence, ils exercent un rayonnement considérable, qui se mesure à l'importance de leur maison, leur parentèle, leur entourage, leur clientèle, leur domesticité, etc.

RÉSEAUX DE CLIENTÈLE

Les seigneurs les moins fortunés se mettent au service de la noblesse titrée – barons, comtes, marquis... – qui à son tour fait allégeance aux grands. Par ces liens d'amitié, de fidélité, de clientèle, on se « donne » à quelqu'un, on devient sa « créature ». Dérivé de la féodalité, il s'agit d'un contrat tacite d'homme à homme dans lequel s'équilibrent les droits et les devoirs. En échange de la protection et des bienfaits d'un « patron », le « client » lui doit loyauté et fidélité.
Ne disposant pas d'un nombre suffisant de fonctionnaires royaux pour jeter sur le pays un maillage serré, le pouvoir

La fortune des premiers ministres

Auréolés de la confiance royale, les premiers ministres s'enrichissent de manière colossale : Richelieu est à la tête de 22,4 millions de livres – Henri II de Condé, lui, n'en possède que 14 millions. Plus avide encore, Mazarin réalise la fortune la plus gigantesque de toute l'histoire de l'Ancien Régime : 38 à 40 millions d'actifs – peut-être davantage – pour 1,4 million de passifs, qu'il a accumulés au prix de friponneries en tout genre. Dépeçant l'État, il s'est fait munitionnaire, trafiquant d'armes, a grappillé sur la solde des troupes, détourné le produit du domaine royal, bref! attiré à lui toute la richesse du pays. À ce stade embryonnaire de la bureaucratie règne la confusion entre patrimoine privé et public, entre service du roi et profit individuel. Si les cardinaux-ministres sont de grands prédateurs et confisquent à leur profit la puissance souveraine de la monarchie, ils ont aussi soutenu l'État, mis leur intelligence et leur fortune à son service, usé de leurs richesses pour conforter le crédit public, payant parfois de leur poche des dépenses budgétaires. Ils ont contribué efficacement à l'effort constant de l'État royal pour renforcer son emprise sur la société, ce que l'on désignera, à partir de 1797, sous le terme ambigu d'« absolutisme ».

La Vierge au coussin vert, d'Andrea Solario. ▲ *Féru d'art, Mazarin possédait 471 tableaux, surtout d'artistes italiens, dont plusieurs de Vinci, Titien, Raphaël, mais aussi des Van Dyck...* *(Paris, musée du Louvre)*

Le cardinal dans la galerie haute du palais Mazarin. ▶ *Mazarin fait agrandir et décorer les deux galeries de ce palais, destinées à ses collections d'art.* *(Paris, B.N.F.)*

doit s'appuyer sur le crédit personnel des grands. Il leur a confié des postes de gouverneurs et des commandements militaires, et leur a permis de distribuer places, honneurs ou pensions. Apparaît alors clairement le risque que se développe une nouvelle féodalité, dans laquelle la fidélité du client envers son patron éclipserait celle légitimement due au roi.

LES COMPAGNIES D'OFFICIERS

C'est la raison pour laquelle les rois de France, désireux de poursuivre l'unification politique et administrative du pays, ont cherché, dès le XVIe siècle, à accroître le nombre de fonctionnaires royaux, qu'on appelle les « officiers ». Ainsi, peu à peu émerge une noblesse de robe, dévouée au pouvoir royal, face à la noblesse d'épée, cette noblesse « immémoriale », orgueilleuse et souvent indocile à l'égard de la monarchie. Aux XVIe et XVIIe siècles, le monde des offices explose : de 4 000 titulaires en 1515, ils deviennent 46 000 en 1665, dont 9 000 magistrats et 5 000 officiers de finance. L'État profite de cet engouement pour dédoubler, multiplier et vendre les charges, afin d'accroître les rentrées fiscales. Par ce système, certaines familles connaissent, en quelques générations, une ascension sociale fulgurante, qui déplaît fortement à la petite aristocratie dépossédée de l'administration locale. L'exemple le plus frappant de cette réussite est le chancelier Pierre Séguier. Mais, à son tour, le système des offices échappe peu à peu au contrôle de l'État, en particulier à partir de la « paulette » (1604), ce fameux « droit annuel » qui facilite la transmission héréditaire des charges. Avides de privilèges et d'honneurs, les officiers tendent alors à se structurer en castes indociles à l'égard du pouvoir et à s'agréger à la noblesse d'épée.

L'ABSOLUTISME MINISTÉRIEL

L'évolution de la société lui échappant, le pouvoir royal est menacé par deux forces centrifuges, celle de l'épée et celle de la robe. Comment réagir ? Dans l'incapacité de forger de toutes pièces une infrastructure administrative composée de fonctionnaires probes et dévoués, il recourt au système des clientèles. Ainsi font Sully, Richelieu et Mazarin. Les deux

Les nièces de Mazarin. ▲ *Laure, Marie et Hortense Mancini deviennent les compagnes de jeu du roi et des princes. Elles feront des alliances somptueuses.* *(Paris, musée du Petit-Palais)*

cardinaux répartissent parmi leur famille, leurs amis et leurs protégés honneurs, charges, emplois et pensions. Ils forment un réseau de « créatures » dévouées, qui s'occupent de leurs affaires personnelles et de celles de l'État. Ils infiltrent l'élite régionale – états provinciaux, parlements, municipalités… – et l'armée, ôtant aux grands le monopole du patronage royal. Comment ceux-ci ne haïraient-ils pas le « ministériat » ? Ces réseaux offrent au souverain des chaînes de fidélités plus sûres. Mais les cardinaux-ministres écartent tous ceux qui ne leur sont pas soumis et tiennent sous tutelle qui, le roi Louis XIII, qui, la régente Anne d'Autriche. Plutôt qu'un absolutisme monarchique, il s'agit d'un absolutisme ministériel.

POUVOIR, PUISSANCE ET RICHESSE

Richelieu et Mazarin entreprennent l'édification d'une gigantesque fortune, accumulant les gouvernements, les offices, les seigneuries, les fiefs, les abbayes, les châteaux, les hôtels particuliers, les œuvres d'art, les bijoux… Le grand cardinal, né dans une famille assez modeste de l'aristocratie poitevine, profite de son ascension politique et de sa carrière pour hisser sa maison au niveau des plus hauts lignages du royaume et pour marier sa nièce, Claire-Clémence de Maillé-Brézé, au duc d'Enghien, le futur Grand Condé, membre éminent de la famille royale, qui se voit dans l'impossibilité de refuser cette union en quelque sorte imposée.

LA FAMILLE DE MAZARIN

Mazarin a nombre de neveux et nièces qui, grâce à lui, font de magnifiques mariages. Laure (1636-1657), fille de Lorenzo Mancini et de Girolama Mazarini, se marie avec le duc de Mercœur, fils de César de Vendôme, petit-fils d'Henri IV et de Gabrielle d'Estrées. Olympe (1638-1708) s'unit à Eugène-Maurice de Savoie, prince de Carignan, comte de Soissons, et sera la mère du prince Eugène. Anne-Marie Martinozzi (1637-1672), fille de Gironimo Martinozzi et de Margarita Mazarini, épouse le prince Armand de Conti, frère du Grand Condé. Une deuxième série de « mazarinettes », plus jeunes, font aussi d'étincelants mariages : Laure Martinozzi (1640-1687), avec le prince héritier de Modène, Alphonse d'Este, Marie Mancini (1639-1706), le premier amour de Louis XIV, avec le prince Onuphre Colonna, futur vice-roi de Naples et d'Aragon. La plus jolie, Hortense Mancini (1646-1699), est courtisée par Charles II d'Angleterre, par Turenne, par Pierre de Bragance, futur roi de Portugal, et par le duc de Savoie. Mais Mazarin préfère pour elle une alliance dans le royaume. Elle épouse le marquis de La Porte de La Meilleraye, fils d'une nièce de Richelieu, Marie de Cossé, et du maréchal de La Meilleraye. Marianne Mancini (1649-1714) s'unit en 1662 à Maurice-Godefroy de La Tour d'Auvergne, duc de Bouillon. Neveu de Mazarin, Philippe Julien Mancini (1641-1707) hérite du duché de Nevers et épouse Diane de Damas-Thianges.

Les Précieuses

La préciosité, qui apparaît dès le règne de Louis XIII à l'hôtel de Rambouillet, atteint son apogée dans les années 1650-1660. Soucieux de raffinement dans le langage, de manières délicates et de sentiments vertueux, méprisant le vulgaire, les cercles précieux de la noblesse et de la haute bourgeoisie parisiennes, à travers les salons littéraires et mondains, portent au pinacle et défendent les femmes, contestant la place inférieure qui est la leur dans la société de ce temps.

TROMPE-L'ŒIL D'ÉCRIVAIN. *C'est par un langage raffiné, fermé au vulgaire, que s'exprime la préciosité. Les précieuses, heurtées de « l'impureté » de certains mots, innovent par des expressions périphrastiques, imagées, dont certaines ont perduré : « perdre son sérieux », « faire figure dans le monde », « s'inscrire en faux »… (Rouen, musée des Beaux-Arts)*

MADELEINE DE SCUDÉRY (1607-1701). *Sœur de l'écrivain Georges de Scudéry, elle fait ses débuts dans le monde littéraire à l'hôtel de Rambouillet. En 1653, elle reçoit dans son propre salon, qu'elle tient le samedi, de 2 à 5 heures, Ménage, Mme de Sévigné… qui reparaissent sous des noms d'emprunt dans* Le Grand Cyrus *(1649-1653) et* Clélie *(1654-1669). Madeleine est aussi l'auteur d'œuvres poétiques et morales, parues dans les années 1680-1690. Elle entretient une tendre et vertueuse amitié avec l'écrivain Pellisson et prend part au « procès du mariage », qui dénonce l'incompatibilité de ce sacrement avec la tendre amitié. (Le Havre, bibliothèque municipale)*

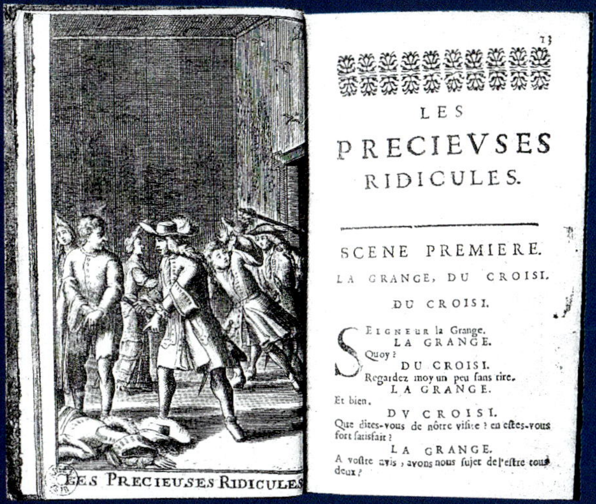

13

LES PRECIEVSES RIDICULES.

SCENE PREMIERE.

LA GRANGE, DU CROISI.

DU CROISI.

SEIGNEUR la Grange.

LA GRANGE.

Quoy ?

DU CROISI.

Regardez moy un peu sans rire.

LA GRANGE.

Et bien.

DV CROISI.

Que dites-vous de nôtre visite ? en estes-vous fort satisfait ?

LA GRANGE.

A vostre avis, avons nous sujet de l'estre tous deux ?

PREMIÈRE ÉDITION DES PRÉCIEUSES RIDICULES, DE MOLIÈRE (1658). *Dans cette pièce, Molière se moque sans indulgence de la sensiblerie outrée de ses deux personnages féminins. La pièce rencontre un grand succès à Paris et contribue à établir la réputation de son auteur, mais ne porte pas un coup mortel au courant précieux qui conserve son public. (Paris, bibliothèque de l'Arsenal)*

BAL SUR LA TERRASSE D'UN PALAIS. *Les précieuses, choquées par la futilité de la vie imposée aux femmes de la bonne société par leur éducation et leur mariage, remettent en question les valeurs de cette société dominée par les hommes. Dans leurs salons règnent les maîtresses de maison, qui prônent « l'amitié tendre » contre le mariage, le raffinement des manières, du langage et de l'esprit contre l'ignorance… (Lille, musée des Beaux-Arts)*

LA CARTE DU TENDRE. *Les discussions qui se tiennent dans les salons précieux sont des discours sur les sentiments, comme l'illustre* Clélie *de Madeleine de Scudéry. Les femmes doivent faire l'objet de la délicatesse de leurs admirateurs. Elles éprouvent de la répulsion à l'égard de la grossièreté des manières et prennent plaisir à disserter savamment sur la subtilité et les méandres du sentiment amoureux, mais toujours platonique, sur l'amitié tendre d'un chevalier servant… (Paris, B.N.F.)*

ARMES DE JULIE D'ANGENNES. *Ces armes de fantaisie sont un paysage champêtre et un ours portant au front une étoile. La devise choisie par Julie, « Immota », signifie « inchangée ». Ces symboles évoquent l'impassibilité, peut-être celle dont elle fit preuve envers son « amant » le duc de Montausier (Paris, bibliothèque de l'Arsenal)*

René de Longueil ▲ (1610-1677).
Il devient surintendant des Finances en 1650, et tente surtout d'en tirer un profit personnel.
(Collection Roger-Viollet)

La perception de la ▶ gabelle à Nantes.
Cet impôt sur le sel ne pèse pas également sur chaque province.
(Paris, bibliothèque de l'Institut)

LA FISCALITÉ ROYALE

L'entrée en guerre de la France contre l'Autriche en 1635 a joué un rôle de puissant accélérateur de la centralisation monarchique, particulièrement sur le plan financier. La ponction fiscale connaît alors une ampleur sans précédent. Le budget de l'État, qui dépasse rarement les 40 millions de livres entre 1620 et 1630, atteint 208 millions en 1635, année record. Sous le ministère de Mazarin, il s'élève encore de 120 à 140 millions.

UN SYSTÈME ARCHAÏQUE ET COMPLEXE

Le système fiscal est complexe, improductif, injuste, hérissé d'exemptions et de privilèges. Ne disposant pas d'une banque d'État susceptible de lui faire des avances de trésorerie, la monarchie souffre d'un chronique embarras d'argent qui l'oblige à multiplier les expédients fâcheux. Le domaine royal n'apporte plus depuis longtemps des revenus en suffisance pour faire face aux dépenses ordinaires. Il faut donc lever des impôts, ce qui est très mal perçu par la population en dehors des temps de guerre. La taille, l'impôt direct le plus ancien, pèse principalement sur les ruraux, laboureurs, fermiers et petits propriétaires. Les nobles ne la paient pas, sauf dans les pays dits de « taille réelle », où elle est assise sur les terres qualifiées de roturières, que possèdent aussi bien l'aristocratie que la bourgeoisie. Le clergé en est exempté, mais verse au souverain un modeste « don gratuit », voté en assemblée générale tous les cinq ans. D'autres privilégiés y échappent, comme les membres des maisons royales, les magistrats, les habitants de grandes villes comme Paris, Lyon ou Bordeaux.

TRAITANTS, PARTISANS ET PRÊTEURS

L'administration fiscale est si déficiente qu'elle a dû renoncer à percevoir elle-même les impôts indirects : « aides » sur les boissons, « octrois » (taxes municipales) ou gabelle. Ceux-ci ont été affermés à des compagnies de traitants ou de partisans, qui signent avec le roi des contrats appelés traités ou partis.
Ces ressources permanentes étant insuffisantes, on a recours régulièrement aux « affaires extraordinaires » comme la vente d'offices et de parcelles du domaine royal, ou l'accroissement du prix des offices. Les traitants, qui s'occupent aussi de ces marchés, versent au roi une somme convenue et recouvrent eux-mêmes l'impôt ou le produit des biens vendus, tout en prélevant au passage de substantielles commissions. En 1645,

L'hôtel Salé (Paris). ▼
Il est construit pour Aubert de Fontenay, fermier des gabelles, d'où son nom, et témoigne par ses dimensions (c'est l'un des plus grands hôtels parisiens de l'époque) de la fortune de son propriétaire.

devant la situation fiscale désastreuse, l'impôt direct – la taille – est aussi mis « en partis ».

Ces expédients ne permettent pourtant pas de boucler le budget, et l'État est contraint d'emprunter, à taux usuraire, aux traitants ainsi qu'à ses propres officiers comptables, receveurs ou trésoriers généraux. Conduisant à des confusions énormes, ces pratiques servent à l'enrichissement d'une caste de manieurs d'argent – associés, croupiers, sous-traitants, sous-fermiers – issus de la robe et parfois même de l'aristocratie. Derrière ces publicains et affairistes, incapables de mobiliser à eux seuls les millions de livres que réclament la guerre et la défaillance chronique de l'État, se dissimulent de puissants bailleurs de fonds : princes, ducs et pairs, membres de la haute noblesse et de l'Église. La monarchie, placée sous la dépendance tragique des manieurs d'argent et des grandes familles, a intérêt à éviter la coalition des oppositions qui représentent pour elle un mortel danger, comme la Fronde va le montrer.

LES COMMISSAIRES

Avec la guerre, le développement des intendants dans les vingt-deux généralités du royaume devient une nécessité pour le pouvoir central. Il s'agit de pallier les carences des officiers de l'administration fiscale, les retards et les multiples abus qui se commettent en province et paralysent l'action du roi. Choisis parmi les maîtres des requêtes ou les conseillers d'État, ces intendants sont de précieux auxiliaires. Ces inspecteurs réformateurs, investis par « commission » d'un pouvoir temporaire et limité, toujours révocables, forment une autre catégorie d'administrateurs, bien plus fiables que les officiers inamovibles et propriétaires de leur charge.

INTENDANTS CONTRE OFFICIERS

Sous le règne de Louis XIII débute la longue rivalité entre ces deux types d'agents royaux. Les pouvoirs des intendants s'étendent aux affaires de justice, police et finance, sans pour autant jouer le rôle de préfets de l'Ancien Régime. Ce sont encore de trop petits personnages pour entrer en concurrence avec les gouverneurs des provinces, chefs politiques et militaires, membres de la haute aristocratie. Leurs responsabilités s'accroissent pourtant à la fin du ministère de Richelieu et sous Mazarin, au détriment des officiers de finance et des juges ordinaires. Ils répartissent les tailles entre villes, bourgs et paroisses et contrôlent le recouvrement de l'impôt direct, aidés de brigades d'huissiers et de fusiliers.

Les émotions populaires

La violence fiscale heurte l'équilibre fragile des communautés locales qui se sentent vite menacées par le centralisme étatique. Porter atteinte aux immunités ou aux privilèges, tenus pour inviolables, est ressenti comme une agression intolérable. C'est ce qui explique la flambée des révoltes provinciales sous Louis XIII et sous la minorité de Louis XIV : croquants du Périgord, du Poitou ou de Guyenne (1636-1637), du Maine et d'Anjou (1639), Nu-pieds de Normandie (1639-1642)... Les récoltes médiocres du début de la régence soulèvent des régions entières, parfois pendant près de deux ans : Normandie, Anjou, Poitou, Guyenne, Languedoc, Rouergue, Provence, Dauphiné... Ces révoltes antifiscales, que l'on appelle alors aussi des « émotions populaires », soudent contre l'impôt royal et un absolutisme envahissant les habitants d'une même aire géographique, confondant toutes les classes sociales : seigneurs, grands et petits, propriétaires terriens, marchands, paysans... Ces fièvres convulsives et insurrectionnelles, ces grandes secousses de l'âge baroque marquent en réalité les progrès de la formation de l'État.

Louis XIV en majesté, à l'âge de dix ans. *Le jeune roi va devoir affronter, sous la conduite de sa mère et de Mazarin, les troubles d'une longue révolte.* *(Versailles, musée national du Château)*

Le prévôt des marchands et les échevins de la ville de Paris. *Ces représentants du pouvoir municipal disposent d'une grande autorité au sein de la cité et peuvent devenir une menace pour le gouvernement.* *(Paris, musée du Louvre)*

LA FRONDE PARLEMENTAIRE

La guerre, dévoreuse d'argent, exige une plus grande solidarité entre les corps et les groupes sociaux. C'est précisément ce que va refuser la Fronde à partir de 1648. Contrairement aux séditions rurales, il s'agit là d'un mouvement urbain de nantis, de citoyens privilégiés.

UNE RÉACTION CONTRE LES INNOVATIONS

Tout n'est pas que réaction égoïste chez ces gens. Il est vrai, par exemple, que Paris, exempté de la taille, comporte de très nombreux rentiers – près d'un quart des habitants – et que les rentes de l'Hôtel de Ville – émises pour le compte de l'État qui n'a pas assez de crédit pour les émettre lui-même – ne sont plus payées depuis trois ans en raison des troubles qui, régulièrement, agitent les provinces.

Mais la Fronde est avant tout un mouvement de résistance des corps d'officiers contre les « novelletés » instituées par la monarchie, comme les intendants, les traitants et partisans, contre la marche tâtonnante et empirique du pouvoir royal. C'est une tentative de résistance de l'aristocratie et des gens de robe contre la transformation en profondeur du royaume. La création, la vente et le dédoublement des charges pour des raisons fiscales amenuisent le patrimoine des titulaires d'offices, qui volontiers se plaignent des pressions qu'exerce sur eux le pouvoir et refusent par représailles de cautionner la poursuite de l'effort de guerre.

L'OPPOSITION PARLEMENTAIRE

La contestation part du parlement de Paris, qui depuis déjà longtemps n'a de cesse de grignoter de nouveaux pouvoirs et de s'imposer comme une sorte de sénat constitutionnel, gardien des lois. Les jeunes conseillers des enquêtes, pleins d'audace et chahuteurs, rêvent de réformer l'État et de transformer leur assemblée en *Parliament* anglais, représentant la nation. En 1641, Louis XIII a dû leur supprimer le droit de remontrance. À la mort de ce dernier, Anne d'Autriche, qui avait besoin d'eux pour casser le testament de son époux, le leur a rendu et les a flattés en leur accordant la noblesse au premier degré ; mais ils n'en étaient pas plus sages pour autant. Ces fiers juristes, connaissant la faiblesse structurelle des régences, veulent profiter de l'occasion pour revenir sur les mesures « extraordinaires » prises par la monarchie depuis l'entrée en guerre. Les jeunes « excités » des enquêtes ont

▲ *Le conseiller Broussel. L'arrestation de ce conseiller très populaire auprès des Parisiens provoque une levée des barricades dans la capitale.* (Paris, musée Carnavalet)

trouvé leur maître en la personne d'un vieux conseiller, Pierre Broussel, qui se prend pour un sénateur romain, roide et incorruptible, et se déchaîne contre les traitants et autres « maltôtiers ». Les habitants de l'île de la Cité – dans laquelle se trouve l'ancien palais des rois devenu le siège du Parlement – le vénèrent comme un dieu. Né vers 1574, le « bonhomme Broussel » est conseiller à la grand-chambre du parlement de Paris depuis 1633. Il a acquis son immense popularité par l'attention qu'il porte à la misère du petit peuple, par sa probité, son désintéressement et la simplicité de ses mœurs. Après la Fronde, dans laquelle il joue un rôle important, il sera nommé prévôt des marchands en juillet 1652 et mourra deux ans plus tard.

LES PREMIÈRES RÉTICENCES

Dès 1644, la tension monte : la politique de Mazarin, qui s'appuie sur le contrôleur général Particelli d'Émery, ancien traitant devenu intendant, poursuit celle de Richelieu. Il s'agit de faire participer à l'effort fiscal la bourgeoisie parisienne et les détenteurs d'offices. C'est en ce sens qu'est prise une série de taxes comme le toisé, les aisés ou le tarif, frappant le domaine royal ou les octrois. La résistance de ces messieurs en toques et mortiers est brisée par le roi siégeant en lit de justice le 7 septembre 1645, au lendemain de la victoire de Nördlingen, remportée par Condé et Turenne sur les Impériaux du général Mercy et les fougueux escadrons de Jean de Weert. Le jeune roi, vêtu d'un costume martial, est venu en son Parlement pour y imposer un train d'« édits bursaux » (fiscaux).

L'ARRÊT D'UNION

La contestation ouverte débute en janvier 1648 par une manifestation contre un nouvel édit fiscal, à l'instigation des marchands des rues Saint-Denis et Saint-Martin. Alors qu'elle se rend à la messe à Notre-Dame, la reine est assaillie par deux cents femmes hurlantes. Dans la nuit, des mousquetades éclatent. La

Le parlement de Paris

C'est le plus puissant des dix parlements de France. Il sert de cour de justice en appel pour près du tiers du royaume. Composé de la grand-chambre, de cinq chambres des enquêtes, de deux des requêtes et des « gens du roi », autrement dit le parquet – le procureur général, les deux avocats généraux, les avocats du roi… –, il a pour prérogative l'enregistrement des actes royaux. Si les rois détiennent le pouvoir législatif en plénitude, ils sont également tenus de respecter les législations existantes et les lois fondamentales du royaume, permanentes et immuables. C'est d'ailleurs ce qui les empêche de devenir des autocrates ou des despotes. Une ordonnance – loi générale – ou un édit – loi particulière – doivent, afin de devenir exécutoires, être vérifiés par les magistrats du roi. Si le souverain refuse de prendre en compte leurs observations, les parlementaires disposent d'un droit de remontrance par lequel ils expriment leur désaccord. Le monarque peut écarter ces avis et mises en garde, à condition de tenir en son Parlement un lit de justice en compagnie de son chancelier, des princes, ducs, pairs et grands officiers de la Couronne. *(Ci-dessous,* Le Parlement de Paris, *Paris, B.N.F.)*

◀ ***Les barricades de la porte Saint-Antoine.*** *Paris réagit violemment à la mesure radicale que constitue l'arrestation des meneurs.* (Paris, B.N.F.)

▼ ***Paul de Gondi (1613-1679).*** *Ambitieux et intrigant, cet évêque, futur cardinal de Retz, tente de profiter de la Fronde pour accéder au pouvoir.* (Paris, B.N.F.)

décision de Mazarin de vendre une douzaine de nouvelles charges de maître des requêtes exaspère les soixante titulaires, qui mobilisent le Parlement en leur faveur. Celui-ci refuse l'enregistrement de l'édit et de plusieurs autres. Le 15 janvier, le roi tient un lit de justice particulièrement houleux. Le 13 mai, le Parlement, le Grand Conseil, la Chambre des comptes et la Cour des aides rendent un « arrêt d'Union » et annoncent la création d'une assemblée de délégués chargée de réformer l'État. Elle prend le nom de la salle où elle siège : la Chambre Saint-Louis. La reine, qui voit dans cet acte insurrectionnel « une espèce de république dans la monarchie », convoque les magistrats à une séance solennelle au Palais-Royal en présence du jeune monarque ; en vain. L'opinion soutient les robins qui, début juillet, rédigent un vrai plan de monarchie limitée, niant la pleine souveraineté royale et instaurant un contre-pouvoir des juges. Il prévoit la suppression des intendants et autres commissaires, ainsi que des lettres de cachet, le droit, pour les parlements, de prendre des arrêts que le Conseil du roi ne pourrait casser, la diminution du montant de la taille, l'annulation des avances sur rentes ou sur gages des officiers… Trait singulier : ce pouvoir qui prétend fonder sa propre légitimité émane non pas, comme les états généraux, des différents corps de la nation, mais bien d'officiers royaux, qui ne représentent qu'eux-mêmes et ne tiennent leur autorité que du roi dont ils sont les mandataires.

LA JOURNÉE DES BARRICADES

La Cour doit dans un premier temps, selon le cardinal de Retz, « céder au torrent » à cause de la guerre qui se poursuit aux frontières. Mais l'éclatante victoire de Lens remportée par le prince de Condé sur les Espagnols, le 21 août, pousse la régente et le cardinal à une énergique reprise en main. Le 26, à l'occasion du *Te Deum* chanté à Notre-Dame, ils font arrêter deux des meneurs du Parlement, le président Potier de Blancmesnil et le conseiller Broussel. Paris, enserré dans le corset de pierre de ses remparts, avec ses ruelles grouillantes, ses îlots d'immeubles fétides et surpeuplés, ses ponts surchargés de maisons, répond par l'insurrection et se réveille le lendemain hérissé de six cents barricades qui bloquent toute la capitale.

LA RÉGENTE RECULE

Anne d'Autriche et son ministre, pressés de toutes parts, se voient obligés de relâcher les deux prisonniers. La sédition s'apaise, mais menace de reprendre à l'annonce de l'arrivée de 4000 mercenaires allemands de l'armée de Condé. Les négociations doivent reprendre à Saint-Germain. Le 22 octobre, la régente accepte la mort dans l'âme de donner force de loi à une quinzaine d'articles de la Chambre Saint-Louis. La monarchie se trouve placée sous la tutelle de ses propres officiers. C'est le tribut qu'Anne d'Autriche accepte de payer à la sécurité extérieure. Deux jours plus tard, en effet, les traités de Westphalie, signés à Münster et Osnabrück, rétablissent la paix entre la France et l'empire. Mais le conflit avec l'Espagne se poursuivra pendant encore dix ans.
Sur le plan intérieur, ce n'est qu'une trêve avant un nouvel affrontement. Anne fourbit ses armes : elle s'assure de la

◄ *Le blocus de Paris en 1649. Mené par le Grand Condé, revenu en hâte, ce siège se révèle très efficace : les Frondeurs ne tardent pas, après quelques tentatives infructueuses de sortie, à demander la paix. Ce blocus souligne les divisions qui existent au sein même de la noblesse de cour.* *(Chantilly, musée Condé)*

loyauté du prince de Condé, maître de l'armée des Flandres, et de l'indécis et ondoyant duc d'Orléans, dont nul n'est jamais sûr de conserver le soutien.

MONSIEUR LE COADJUTEUR

Pendant ce temps, les Frondeurs s'organisent autour d'une figure ambitieuse, celle de Paul de Gondi, futur cardinal de Retz et auteur de célèbres *Mémoires*. Neveu et coadjuteur de l'archevêque de Paris Jean-François de Gondi, c'est un petit homme d'environ trente-cinq ans, noiraud, laid et contrefait, mais d'une vive intelligence, qui excelle dans l'intrigue. Évêque botté, duelliste impénitent et amoureux enragé, ce personnage de roman rêve de troquer sa modeste mitre contre la prestigieuse barrette de cardinal ainsi que la place de Mazarin auprès de la reine. Il regroupe autour de lui les mécontents du Parlement, le petit peuple, les curés parisiens, les dévots, membres de la discrète Compagnie du Saint-Sacrement, héritiers de la Ligue, tous ceux qui conspirèrent jadis contre Richelieu… Il parvient même à enrôler deux princes du sang, Armand de Conti, frère cadet du Grand Condé, et leur sœur, Anne-Geneviève, duchesse de Longueville.

LE BLOCUS DE PARIS

Dans la nuit du 5 au 6 janvier 1649, le roi, la reine, le cardinal et le reste de la famille royale s'enfuient clandestinement du Palais-Royal et se rendent au château de Saint-Germain, vide et sans feu. La plupart sont contraints de coucher sur des bottes de paille. Au matin, Paris, abasourdi par la nouvelle, court aux armes. Le siège de la capitale débute, tandis que le Parlement, sous l'influence des ultras, derrière Gondi et Beaufort – évadé de Vincennes le jour de la Pentecôte de 1648 –, bannit solennellement Mazarin du royaume et, au nom du roi, déclaré prisonnier de l'Italien, prend en main la défense de la ville. Le blocus est implacable. Avec son armée de 12000 hommes revenus des frontières, le vainqueur de Rocroi, Condé, superbe et arrogant à son habitude, fait régner la terreur et écrase sans merci les tentatives de sortie des assiégés. Son frère Conti, jaloux de ses lauriers, s'est fait proclamer généralissime, mais n'a aucune compétence, et ses soldats ne sont que des fripiers et des boutiquiers, des laquais équipés de mousquets rouillés, dirigés par des conseillers du Parlement dépourvus d'expérience militaire.

LA PAIX DE RUEIL

Certains parmi les Frondeurs les plus déterminés, comme Gondi ou le duc de Bouillon, songent à faire appel aux Espagnols. Au même moment, le frère du duc, Turenne, rejoint les insurgés avec son armée. Les modérés du Parlement, le premier président en tête, s'alarment et poussent la reine à faire des concessions. La paix de Rueil est signée le 11 mars. Les rebelles sont amnistiés,

Les traités de Westphalie

Mettant fin à la guerre de Trente Ans en Allemagne, les traités de paix sont signés le 24 octobre 1648 à Münster pour les puissances catholiques et à Osnabrück pour la Suède et les princes protestants. Leurs termes consacrent à la fois la fin de l'unité de la Chrétienté et la large autonomie des princes et des États du corps germanique. L'Empereur conserve son trône, mais son pouvoir, bien que prestigieux, demeure limité par la diète impériale. Les sujets des princes sont tenus d'adopter leur religion, catholique, luthérienne ou calviniste, ou d'émigrer dans les deux ans. La Suède reçoit la Poméranie occidentale, Stettin, Wismar et les évêchés de Brême et Verden. À la France, on reconnaît à titre définitif les droits de seigneurie sur les Trois-Évêchés, et elle obtient le landgraviat de Haute et Basse-Alsace, la préfecture de la Décapole et Haguenau. Elle acquiert aussi Brisach et Philippsbourg, sur le Rhin.

L'arrestation des princes de Condé et de Conti (janvier 1650). *Ce coup de théâtre de la régente lui assure un temps la faveur de l'opinion publique.* *(Paris, B.N.F.)*

Le prince de Conti

Fils cadet d'Henri II, prince de Condé, et de Charlotte de Montmorency, Armand de Bourbon, prince de Conti, naît à Paris en 1629. Il a pour parrain le cardinal de Richelieu. Atteint de gibbosité (bossu), il se destine d'abord à l'Église, mais épouse finalement, en 1654, la nièce de son ancien ennemi Mazarin, Anne-Marie Martinozzi. Il est fait gouverneur de Guyenne en 1655 et commandant de l'armée de Catalogne, où il remporte quelques succès militaires. Il meurt en 1666, alors qu'il est gouverneur du Languedoc. Membre de la Compagnie du Saint-Sacrement, il devient, sur la fin de sa vie, très dévot et charitable, fondant des collèges et des œuvres pieuses. *(Ci-dessous,* Le Prince de Conti, *Chantilly, musée Condé)*

parmi lesquels l'imprudent Turenne. Le Parlement entérine la fin de la guerre civile, et Louis XIV entre dans Paris le 11 août 1649, après presque huit mois d'absence, accueilli par un concert d'ovations. Gondi, le clergé, le Parlement, les échevins et les six corps marchands de la ville se soumettent. Tout semble rentré dans l'ordre. Le 5 septembre, un grand bal est donné pour les onze ans du roi qui, le jour de Noël, fait sa première communion à Saint-Eustache. Mais la situation reste peu brillante. Les décisions de la Chambre Saint-Louis ont toujours force de loi ; rendu responsable de la souffrance du peuple, Mazarin est brocardé. Le véritable vainqueur est le jeune et ardent Condé, qui a sauvé la monarchie chancelante.

CONDÉ CONTRE MAZARIN

À son tour, ce vaillant guerrier veut éliminer Mazarin, qui lui fait de l'ombre, afin de le remplacer et de gouverner de concert avec la reine. Il se réconcilie bientôt avec les princes et les ducs révoltés. C'est sa sœur, Anne-Geneviève de Longueville, son mauvais ange, qui lui a inspiré cette conduite téméraire. À force de pression, il obtient de la régente des récompenses pour les chefs frondeurs : Conti reçoit le gouvernement de Champagne, Marcillac – le futur duc de La Rochefoucauld –, l'amant de la duchesse de Longueville, reçoit celui de Damvillers ; quant au mari de cette dernière, le duc de Longueville, il obtient celui de Pont-de-l'Arche, position clé en Normandie.

Louis de Bourbon triomphe et distribue les grâces en roi. Comment résister à l'orgueil, aux foucades, aux sarcasmes, à la tyrannie de cet homme brillant mais impulsif, valeureux mais insociable ? Non seulement il insulte ouvertement Mazarin, mais il blesse la reine dans son honneur, exigeant qu'elle pardonne officiellement à l'un de ses lieutenants, le beau Jarzé, un petit marquis qui a eu l'audace inouïe de la courtiser ouvertement.

L'ARRESTATION DES PRINCES

Cette fois, c'en est trop. Pour s'opposer aux envahissants Condés, la régente et le cardinal décident de se rapprocher du duc d'Orléans, du coadjuteur et de ses amis, la duchesse de Chevreuse, le vieux Châteauneuf, les Lorraine, les Luynes et les Rohan. La Fronde, comme on le voit, est une suite de luttes intestines, de rivalités de clans, de chassés-croisés de conspirations et de trahisons, un interminable jeu de bascule de groupes rivaux, de brouilles, de réconciliations et de coups de théâtre spectaculaires. Celui du 18 janvier 1650 est de taille : alors qu'ils sont convoqués à une séance du Conseil au Palais-Royal, les princes de Condé et de Conti, ainsi que leur beau-frère, le duc de Longueville, sont arrêtés sur ordre d'Anne d'Autriche et conduits au donjon de Vincennes.

1649 - La mort de Charles Ier

Les guerres civiles qui opposent le Parlement anglais au roi Charles Ier de 1642 à 1649 trouvent leur origine dans la volonté de réformes sociales et religieuses (puritaines) que formule le premier dès 1640. En 1648 éclate le second conflit : le Parlement s'est radicalisé, et une faction d'« Indépendants » est même favorable à la suppression pure et simple de la monarchie. Le projet constitutionnel qui privait le roi de ses pouvoirs sur l'armée et la politique extérieure ayant été rejeté par Charles Ier, les affrontements recommencent et s'achèvent par la défaite du roi et de ses alliés écossais devant les troupes d'Oliver Cromwell, à la bataille de Preston (août 1648). Ce dernier impose qu'un procès soit fait au roi. Il a lieu du 20 au 27 janvier suivant, devant un tribunal constitué de membres de la Chambre des communes, alors que le peuple de Londres ne cache pas ses sentiments royalistes. « Charles Stuart » est condamné à la décollation, sur l'accusation de trahison, rendu responsable des malheurs causés par la guerre et de tyrannie. L'exécution a lieu au matin du 30 janvier, devant le palais de Whitehall. Seuls les soldats y assistent. Le corps du roi est enseveli à Windsor. Dès le 7 février, un acte adopté par le Parlement abolit la monarchie en Angleterre. La République est bientôt proclamée, et Cromwell met à profit la pacification de l'Écosse et de l'Irlande, entre 1649 et 1651, pour apparaître comme l'homme providentiel et devenir lord-protecteur. Soutenu par l'armée, il instaure sa dictature, et, jusqu'à sa mort en 1658, impose au Parlement et au peuple un moralisme oppressant et une politique rigide.

Oliver Cromwell (1599-1658).
Chef militaire brillant, il remporte des victoires décisives sur les troupes royalistes, avant de jouer un rôle central dans la purge du Parlement, le procès et la condamnation à mort du roi. (Collection particulière)

L'exécution de Charles Ier (30 janvier 1649).
Après un procès dont l'issue était prévue d'avance par les conseillers du Parlement hostile au roi, Charles Ier est exécuté, le 30 janvier 1649, à Londres. (Amiens, musée de Picardie)

Les misères de la guerre

La guerre apporte son lot de misères aux populations des campagnes : pillage, viols, répression ordonnée à la suite de révoltes paysannes… Certaines régions, plus proches des frontières, souffrent plus que d'autres. De mauvaises récoltes viennent encore s'ajouter aux difficultés des campagnes déjà écrasées par le poids de la guerre, en argent, en hommes et en biens.

SAINT VINCENT DE PAUL, *PAR SÉBASTIEN BOURDON.*
Il est le fondateur de la mission des prêtres lazaristes, qui se consacrent à l'évangélisation des campagnes. Lors de sa présence au conseil de conscience, après la Fronde, il met en œuvre une assistance aux provinces dévastées par la guerre. (Paris, église Saint-Étienne-du-Mont)

VOYAGEURS ATTAQUÉS PAR DES BRIGANDS, *PAR PIETER SNYERS.*
Le retour à la paix ne garantit pas aux populations la fin des tourments liés à la guerre : livrés à eux-mêmes, les soldats vivent de rapines, de pillages et de vols. (Valenciennes, musée des Beaux-Arts)

LE PILLAGE DE LA CUISINE, *D'APRÈS J. CALLOT.* *L'inexistence des casernes oblige les soldats à vivre aux dépens des villageois. Mais les abus sont fréquents, comme le prouve le nombre élevé des plaintes. Louis XIV ira même jusqu'à utiliser le logement des soldats comme une punition envers la Bretagne, après la révolte du papier timbré de 1675. (Nancy, Musée historique lorrain)*

MENDIANTS AUTOUR D'UN FOUR À CHAUX. *La politique du gouverneur face aux nombreux mendiants que crée la guerre consiste à les isoler dans des institutions spécialisées, afin de mieux les contrôler. (Valenciennes, musée des Beaux-Arts)*

LA PESTE, *EX-VOTO DE 1636.* *Fléau endémique, la peste est sans doute moins fréquente que ne le prétendent les témoignages, chaque épidémie, souvent transportée par les armées, recevant ce nom. Mais l'ignorance des médecins laisse le plus souvent aux villageois pour seule issue la prière. (Nancy, Musée historique lorrain)*

LES MISÈRES DE LA GUERRE, *D'APRÈS J. CALLOT.* *C'est l'armée qui est envoyée pour réprimer les « émotions populaires » dans les campagnes, et sa justice est souvent expéditive. Les instigateurs de ces guerres civiles, menées contre la pression fiscale le plus souvent, sont ici brûlés. (Bourgoing, musée municipal)*

Claire-Clémence de Maillé-Brézé, princesse de Condé. ▶ *En dépit de l'emprisonnement de son époux, elle continue d'animer la révolte nobiliaire.* *(Collection particulière)*

Estampe satirique contre Mazarin. ▶ *Cette « mazarinade » montre le Premier ministre qui se noie devant un bateau chargé de Frondeurs.* *(Paris, B.N.F.)*

LA FRONDE DES PRINCES

Aussitôt, la guerre civile se ranime en province. La duchesse de Longueville rejoint Turenne, qui s'est enfermé dans la place de Stenay, sur la Meuse, avec des troupes restées fidèles à Condé. L'armée de Turenne, qui fait bientôt sa jonction avec les troupes espagnoles de l'archiduc Léopold-Guillaume, s'empare du Catelet et met le siège devant Guise. La jeune princesse de Condé retrouve en Auvergne les troupes de Bouillon et du duc de La Rochefoucauld, et gagne Bordeaux, où elle est accueillie en libératrice.

LA RECONQUÊTE

L'importance du clientélisme nobiliaire éclate : les familles de la grande noblesse entraînent avec elles des centaines de gentilshommes fidèles. De proche en proche, on sonne le tocsin, et les petits seigneurs et la paysannerie entrent en rébellion. Pour reconquérir les provinces révoltées, il faut montrer le roi, créer un sentiment de révérence, tisser des liens de fidélité avec les seigneurs et les notables locaux. Louis se rend donc en Normandie avec la reine, le cardinal et l'armée du comte d'Harcourt. Cette province se soumet, suivie de la Lorraine, du Berry, de l'Anjou, de la Bourgogne, où les « petits maîtres » de Condé finissent par abandonner la place de Bellegarde (Seurre). En juillet, le roi est à Bordeaux, qui se rend le 1er octobre pour ne point manquer les vendanges.

LA SITUATION S'INVERSE

Pendant ce temps, à Paris, les intrigues vont bon train autour de l'insaisissable Monsieur, qui tente de se donner un rôle avantageux. Gondi, furieux qu'on lui refuse la barrette de cardinal malgré son alliance secrète avec la reine – c'est une grave erreur de Mazarin –, se tourne vers le camp des princes. De toutes parts, on réclame la libération de Condé, de Conti et du duc de Longueville. Pourquoi les maintenir en prison puisque l'on ne peut leur intenter un procès en bonne et due forme ? Dans la société hiérarchisée de l'époque, un prince de sang royal est un personnage presque sacré. Condé, en prison, est soudainement paré par chacun de toutes les vertus. On oublie son orgueil intraitable et son arrogance, et l'on gémit sur la « tyrannie » de l'Italien honni. « Point de Mazarin ! » crie-t-on d'une seule voix.
Monsieur demande lui aussi l'élargissement des princes qui ont été transférés au Havre. Le Parlement s'en mêle. Le

◀ *François, duc de La Rochefoucauld S'engageant dans le parti des Frondeurs, il tente vainement de soulever la noblesse poitevine.*
(Versailles, musée national du Château)

La majorité du roi
Le 5 septembre 1651, le roi atteint ses treize ans, l'âge de la majorité. Une cérémonie solennelle, pleine de magnificence, comme l'Ancien Régime en a gardé le secret, fête l'événement : défilé du Palais-Royal au Palais de justice, messe à la Sainte-Chapelle, intronisation dans la grand-chambre du Parlement. Louis reçoit de la régente l'autorité royale, du moins en théorie. En retour, il la nomme chef de son Conseil. En dépit de son rêve d'être le « maître », il est encore trop jeune pour exercer le pouvoir. Pourtant, un témoin de l'époque, Palluau, est frappé par « le sérieux du jeune roi, son mépris pour les bagatelles et son discernement des hommes. »
(Ci-contre, La Déclaration de la majorité du roi, *Paris, B.N.F.)*

20 janvier 1651, le premier président présente cette requête à la reine. Louis XIV est choqué : « Maman, s'écrie-t-il après le départ de Mathieu Molé, si je n'eusse pas craint de vous fâcher, j'eusse par trois fois fait taire et sortir le Président ! »

LA LIBÉRATION DES PRINCES

Le cardinal n'a d'autre solution que de quitter Paris, dans la froide nuit du 6 février. Il s'esquive discrètement du Palais-Royal, longe les murs, un large feutre sur le visage. Il pense être rejoint à Saint-Germain par la reine et le roi. Mais Gondi et Monsieur sont alertés. On bat le tambour, on surveille les portes de la ville. Dans la nuit du 9 au 10, la foule, craignant la fuite de la famille royale, pénètre dans le palais et défile devant le lit de l'enfant, qui fait semblant de dormir. En fait, il est habillé et s'apprête à partir subrepticement avec sa mère. Louis ne pardonnera jamais cette humiliation à Gondi, instigateur de cette inspection intempestive.
Le souverain est prisonnier chez lui, et les princes, libérés sur l'ordre de Monsieur, entrent en héros dans la capitale, alors que le Parlement ouvre le procès de Mazarin.

LA « TROISIÈME FRONDE »

Avec la victoire des Frondeurs, la confusion est à son comble. Des assemblées de gentilshommes, ayant à leur tête le comte de Montrésor, le baron d'Annery et le marquis de Sourdis, cherchent à se placer sous la houlette de Monsieur et de Gondi et réclament la tenue des états généraux. Pour la monarchie française, cette agitation de la gentilhommerie représente un mouvement beaucoup plus pernicieux que celui de la Chambre Saint-Louis, car il s'agit d'instaurer un pouvoir décentralisé à prédominance aristocratique tel qu'on le pratique en Pologne. C'est ce que l'on a appelé la « troisième Fronde ». Condé et le Parlement mesurent le danger, tout en paraissant céder. Les états généraux sont convoqués pour septembre. De fait, ils seront ajournés *sine die*.

MAZARIN EN EXIL

Mazarin, exilé chez l'Électeur de Cologne, espère encore revenir, car Condé devient de nouveau odieux à tout le monde. Le cardinal entretient d'ailleurs en langage codé une correspondance presque quotidienne avec la reine, qui lui est tout acquise, et l'informe du déroulement des événements. Le jeu de bascule recommence. Anne renoue secrètement avec Gondi, le rencontre à la nuit tombante et lui promet une nouvelle fois la barrette de cardinal. Cette alliance est indispensable, tant l'audace de Condé ne connaît plus de bornes. Un jour, au Cours-la-Reine, son carrosse refuse de s'arrêter devant celui du roi. Il ne montre que mépris pour ce jouvenceau un peu gauche, qu'il traite en privé de « sot ». Grave erreur ! Louis n'est pas un garçon déluré, mais son intelligence politique s'affine. Il sait mesurer à sa juste valeur, par exemple, la cautèle de Gaston, qui cherche à tirer profit de tous les camps : « Mon bon oncle, lui lance-t-il un jour, il faut que vous me fassiez une déclaration si vous voulez être dans mon parti ou dans celui de M. le Prince. » Comme l'autre se récrie, il ajoute aussitôt : « Mon bon oncle, puisque vous voulez être de mon parti, donnez lieu que je n'en puisse douter. »

Caricature de ▶ ***la Fronde.*** *La Grande Mademoiselle et ses « maréchales » jettent Mazarin hors des murs de Paris.* *(Paris, B.N.F.)*

▲ ***La Grande Mademoiselle.*** *La romanesque princesse s'engage avec enthousiasme dans le parti des princes frondeurs.* *(Paris, musée Carnavalet)*

LE DERNIER ACTE

C'est la fin de la régence, mais non celle des frondes, dont l'hydre semble sans cesse renaître. La guerre civile recommence avec le concours de l'Espagne appelée à l'aide par le vainqueur de Rocroi, que l'on vient de déclarer rebelle et coupable de crime de lèse-majesté.

LES DÉFAITES DE CONDÉ

Le roi ne dispose que d'une petite armée de 4000 hommes, mais très aguerrie. Au début, la situation demeure incertaine. Dégarnies par le départ des régiments fidèles à Condé, les troupes françaises de la frontière abandonnent à l'ennemi Dunkerque et Gravelines. Mais bientôt, Bouillon et Turenne font défection et rallient le camp royal. Partout, les troupes de Condé sont battues ; il ne leur reste que quelques places, comme la forteresse de Montrond, en Berry.
La reine commet alors une erreur : elle rappelle trop tôt Mazarin. Les esprits, encore échauffés, n'y sont pas préparés. Monsieur, tout en désapprouvant l'union avec l'Espagne, rejoint Condé dans la rébellion. Bordeaux, une nouvelle fois, se rallie à Condé. Le prince de Conti, la princesse de Condé et la duchesse de Longueville y rencontrent un franc succès. La Grande Mademoiselle se lance à son tour dans la bataille, au nom de son père, Gaston d'Orléans. À vingt-cinq ans, la plus riche héritière de France collectionne les prétendants, dont quelques têtes couronnées. Elle est laide, naïve, fière et romanesque. Elle rêve d'épouser Louis XIV, de onze ans son cadet, et, afin d'y parvenir, veut s'imposer par les armes…
Casquée, escortée par ses « maréchales de camp » et une troupe de chevau-légers, elle occupe sans difficulté Orléans. Le 7 avril, Turenne, accompagné d'une poignée d'hommes, défait Condé sur la chaussée de Bléneau. Cette bousculade, mineure sur le plan militaire, est un tournant décisif pour le pays : « Monsieur le maréchal, dit la reine au vainqueur, vous avez sauvé l'État et vous venez de mettre une seconde fois la couronne sur la tête de mon fils. »

LES DERNIERS SOUBRESAUTS

Le 2 juillet suivant, se déroule le célèbre combat du faubourg Saint-Antoine, aux portes de Paris : l'armée royale de Turenne affronte celle de Condé, aidée de quelques unités espagnoles. Au moment de l'assaut final, la porte Saint-Antoine s'ouvre et laisse entrer les Frondeurs mal en point : c'est la Grande

Louis XIV à cheval. ▶ *Le jeune roi sort des troubles de la Fronde aguerri et conforté dans l'idée de la nécessité d'une obéissance absolue à l'autorité royale.* (Versailles, musée national du Château)

◀ ***Combat de deux cavaliers à la porte Saint-Antoine.*** *Des affrontements au corps à corps opposent les partisans du roi aux Frondeurs.* (Versailles, musée national du Château)

Mademoiselle qui a obtenu à l'arraché cette décision des magistrats de la ville. Pour faire bonne mesure, elle ordonne aux canons de la Bastille de tirer sur la cavalerie royale. « Elle a tué son mari ! » s'exclame le cardinal qui, au côté du jeune Louis XIV, observe la bataille des hauteurs de Charonne. Tandis que Condé fait régner la terreur dans Paris, que ses troupes mitraillent sauvagement les édiles et brûlent l'Hôtel de Ville, le roi réunit à Pontoise un semblant de Parlement autour de quelques présidents et conseillers loyalistes. Sur la suggestion du surintendant des Finances, Fouquet, Louis XIV éloigne Mazarin, ôtant ainsi aux extrémistes leur principal argument. Le cardinal consent à se retirer à Bouillon.

LA FIN DE LA FRONDE

Condé, dès lors, a perdu la partie, même à Paris, où un parti de l'ordre, las des excès et des violences, l'incite à décamper. Achevant sa trahison, il quitte le royaume pour les Flandres où il prend le commandement des troupes espagnoles. Le 21 octobre 1652 au soir, Louis XIV fait son entrée dans la capitale par la porte Saint-Honoré, accueilli en libérateur. Les princes rebelles sont exilés, y compris Monsieur et sa fille. Condé est déchu de sa qualité de prince du sang et condamné à mort par contumace. Un lit de justice solennel réinstalle le Parlement loyaliste, auquel se sont ralliés, la mine contrite, les parlementaires restés à Paris. Les conseillers du roi reçoivent l'interdiction de prendre à l'avenir « aucune connaissance des affaires de l'État ». Reste Gondi, devenu entre-temps cardinal de Retz. Malgré ses ruses, le « nabot » sublime n'échappe pas à son destin. Il est arrêté en décembre. Mazarin fait une entrée triomphale à Paris le 3 février 1653, follement acclamé par la même foule qui, quelques mois auparavant, était prête à le pendre. Bordeaux, dernier bastion de la Fronde condéenne, aux mains de Conti, de la duchesse de Longueville et de la princesse de Condé, capitule en juillet.

LE BILAN

Le bilan de cette terrible guerre civile est tragique : des régions entières ont été rançonnées, pillées, dévastées, comme la région parisienne, la Picardie et la Champagne. Après les récoltes brûlées, les villes et villages incendiés, les femmes violées, la peste et les brigands succèdent aux soudards des armées. Dans la capitale errent plus de 60 000 mendiants. La population tombe en dessous du seuil des vingt millions. Pourtant, les deux tiers des paroisses n'ont rien vu de la guerre civile, et l'économie rurale se remet très vite à flot. En quelques années, la situation redevient normale.

Qu'advient-il de Louis XIV ? De dix à quatorze ans, il a été mis à rude épreuve : l'école de l'adversité a ulcéré son cœur, mais l'a trempé. Il a connu l'errance à travers les campagnes de France, les draps troués de Saint-Germain, la fuite, le froid, la faim, la souffrance, mais surtout la colère contre la révolte des corps sociaux et l'ambition insatiable des princes, qui ont ignoré ouvertement l'intérêt de la France. Avec l'aide de son parrain, il s'attèle désormais à la restauration de l'ordre.

quartier de fuensaldagne
Artillerie
la Cour
Les Puits
tranchées
Son Eminence
Le Roy
Les Puist

1653-1661

Les années Mazarin

GOUVERNER, C'EST PARAÎTRE

Placée au-dessus de la hiérarchie des groupes sociaux, des ordres et des corps, mais toujours menacée d'étouffement par eux, la monarchie française se trouve contrainte de gérer habilement son « image » dans l'opinion. C'est une nécessité vitale et, en même temps, dans cette période de retour à l'ordre qui fait suite aux désordres des Frondes, un moyen d'accroître son emprise sur la société. D'où l'importance extrême qu'elle attache aux discours, aux rites, aux symboles, à tout ce que l'on a appelé les « cérémonies de l'information » (Michèle Fogel).

LA GESTION DE LA « COMMUNICATION »

Mazarin, qui a connu dans sa jeunesse la pompe et la mise en scène de la Rome pontificale, sait cela mieux que personne. Il a conscience que la restauration de l'autorité légitime passe par un effort de propagande dans les domaines les plus variés : littérature, peinture, sculpture, architecture.
Dans une société où environ quatre-vingts pour cent de la population est analphabète, l'image est un moyen de communication qui l'emporte de très loin sur l'écrit. Afin de chanter les louanges et la gloire du jeune roi, on n'hésite pas à distribuer quantité d'estampes allégoriques qui le représentent en vainqueur de la rébellion. Le cardinal, grand amateur de théâtre et d'opéras baroques, utilise, lui aussi, l'art du ballet, très prisé à la Cour, pour mieux affirmer l'autorité royale et asservir la noblesse. Il profite du talent et du goût remarqués de Louis pour la danse pour le produire sur scène au milieu de ses compagnons de jeu. Dans le *Ballet de la nuit* d'Isaac de Benserade (1653), le jeune homme incarne l'astre du jour triomphant des ténèbres et du chaos : c'est alors que se forge la thématique du Roi-Soleil. Les productions se succèdent, comme le *Ballet des plaisirs et délices de la ville et de la campagne*, dû à M. de Saint-Aignan, ou encore celui des *Noces de Thétis et Pélée*, dans lequel le roi figure Apollon. Grâce à sa rigoureuse chorégraphie, l'harmonie du ballet reproduit de façon allégorique les rouages du corps politique. Gare donc aux mauvais danseurs !

LE SACRE DE LOUIS XIV

Cependant, sur le plan du faste comme sur celui de la mise en scène, aucune cérémonie évidemment n'égale, en ce dimanche 7 juin 1654, le sacre de Reims, émouvant et

◀ *Le sacre de Louis XIV.* ▲ *Le 7 juin 1654 à Reims, la cérémonie du sacre affirme avec splendeur le caractère sacré du roi, oint du Seigneur. Les principaux insignes de la fonction royale sont la couronne et le sceptre.* *(Tapisserie de la Manufacture des Gobelins, Versailles, musée national du Château)*

Le Cardinal Mazarin, ▶ ***par Champaigne.*** *Le principal ministre est l'un des initiateurs des représentations dans lesquelles le roi apparaît comme un nouveau soleil.* *(Chantilly, musée Condé)*

Louis XIV costumé ▶ *en Soleil dans le* **Ballet de la nuit.** *Les divertissements de la Cour même sont un prétexte à mettre en scène la gloire et la puissance du roi.* *(Paris, B.N.F.)*

antique rituel qui fusionne le religieux et le politique en un corps unique et indissoluble. C'est le frémissement chatoyant et coloré de la vieille France royale !… Au fil des temps, le sens de la cérémonie s'est inversé. Au commencement de la royauté, le sacre, sorte d'ordination sacerdotale, avait pour but de marquer la soumission du pouvoir royal au contrôle ecclésiastique ; mais, depuis le xve siècle, la monarchie a profité de la dimension religieuse qui lui était donnée pour accroître sa puissance. Si elles ne confèrent pas la royauté, les onctions de la sainte ampoule la manifestent de façon solennelle, la rendent, comme dit Louis XIV dans ses *Mémoires,* « plus auguste, plus inviolable et plus sainte ». En s'arrimant directement au ciel, l'autorité royale accroît d'autant son espace politique. Jamais le roi ne l'oubliera, même à la fin du règne, quand la désacralisation commencera à infiltrer le corps de l'État. Personnage sacré participant du mystère divin, il respectera toujours le pieux devoir des « rois thaumaturges », procédant, trois ou quatre fois par an, à l'occasion des grandes fêtes religieuses, au toucher des écrouelles : « Le roi te touche, Dieu te guérit ! »

Le *Ballet de la nuit*

Au cours de ce ballet, donné devant la Cour le 23 février 1653, le frère cadet du roi, Philippe d'Anjou, habillé en Aurore, précède son aîné en clamant :

« Le Soleil qui me suit, c'est le jeune Louis.
La troupe des astres s'enfuit,
Dès que ce Grand Roi s'avance ;
Les nobles clartés de la Nuit,
Qui triomphaient de son absence,
N'osent soutenir sa présence :
Tous ces volages feux s'en vont évanouis,
Le Soleil qui me suit, c'est le jeune Louis. w

C'est la première fois que le roi représente le soleil triomphant de l'obscurité, allusion à sa victoire sur la Fronde. Le livret est écrit par Isaac de Benserade, et la musique composée par Jean de Cambefort.

Louis XIV à la guerre
« Le Confident est infatigable : il a marché toute la journée avec l'armée et, en arrivant ici pour se reposer, il est allé voir toutes les gardes avancées du corps que M. le maréchal de La Ferté commande, c'est-à-dire près d'Avesnes. Il vient de retourner, et, ce que j'admire, c'est qu'il n'est pas las après être resté quinze heures à cheval ; mais, s'il continue de la sorte, il est impossible que ceux qui le suivent y puissent fournir. Toute notre espérance est qu'il se lasse à la fin. »
(Lettre de Mazarin à Anne d'Autriche, datée du 31 juillet 1655)

Henri de La Tour ▲ d'Auvergne, vicomte de Turenne.
À la tête des armées royales, Turenne mène dans les Flandres une campagne difficile dont il sortira vainqueur.
(Versailles, musée national du Château)

LA GUERRE, TOUJOURS !

Cependant la guerre avec l'Espagne continue. L'année précédente, en juillet 1653, Turenne s'est emparé de Rethel et a empêché Condé de marcher sur Paris. Louis, alors âgé de quinze ans, s'enthousiasme pour les combats. Aux remontrances de son médecin Vallot, qui s'inquiète de ses fatigues, il répond imperturbablement qu'il « aime mieux mourir que de manquer la moindre occasion où il y va de sa gloire et du rétablissement de son État ».

LE ROI EN PREMIÈRE LIGNE

En octobre, il galope au siège de Sainte-Menehould, passe ses journées à cheval dans les chemins boueux. En juillet 1654, il assiste à l'ouverture de la tranchée devant Stenay. Le 25 août, jour de la Saint-Louis, il entre en vainqueur dans Arras libérée. Pour l'Espagne, cette cuisante défaite marque le déclin de sa puissance militaire. Au mois de juin 1655, au siège de Landrecies, Louis fait preuve encore de sa volonté de fer et de sa témérité entêtée. La guerre se résume en un épuisant jeu de places conquises et reconquises sur la frontière Nord : les villes de Condé et Saint-Ghislain sont occupées en 1655 par les Français, qui remportent de petites victoires contre les Espagnols, mais Turenne échoue piteusement au siège de Valenciennes en 1656, tandis que Monsieur le Prince s'empare de Cambrai en 1657.

LA DIPLOMATIE DU CARDINAL

L'Espagne décline, certes, mais la France s'épuise. Cela fait vingt-deux ans qu'elle fait la guerre à la maison d'Autriche. Au risque de scandaliser les dévots, Mazarin signe un traité d'alliance avec le régicide Cromwell, traité qui accordera aux Anglais Dunkerque et Mardick, quand elles auront été reprises aux Hollandais, en échange d'un soutien militaire.
Le cardinal ne néglige pas non plus ce qui se passe dans la nébuleuse des Allemagnes. L'empereur Ferdinand III est mort à Vienne le 1er avril 1657. La couronne impériale est élective, mais la coutume veut que l'on donne, du vivant de l'empereur, le titre de « roi des Romains » à son fils aîné, pour qu'il lui succède automatiquement. Cette formalité ayant été omise dans le cas de Léopold, fils de Ferdinand, Mazarin pèse sur son élection à l'empire en imposant, par l'entremise des Électeurs profrançais, une « capitulation électorale », ratifiée sous serment par le nouveau souverain autrichien. Ce texte

◀ ***La bataille des Dunes, près de Dunkerque (14 juin 1658).** L'enjeu de cette bataille est la possession de Dunkerque : après sa victoire sur Condé, Louis XIV cède la ville aux Anglais.*
(Versailles, musée national du Château)

contraint Léopold à ne pas appuyer militairement les ennemis du roi. Allant plus loin, Mazarin organise une ligue du Rhin, qui regroupe les clients de la France, en particulier les archevêques électeurs de Mayence et de Cologne, les trois ducs de Brunswick-Lunebourg, le duc de Neubourg, le roi de Suède – pour ses possessions germaniques –, le landgrave de Hesse, le duc de Wurtemberg et les Électeurs de Trèves et de Münster. C'est un instrument qui permet à la fois aux princes allemands de se protéger contre l'envahissante tutelle des Habsbourg, et à la France de jouer son rôle de puissance protectrice et d'arbitre dans les conflits allemands.

LA MALADIE DE CALAIS

Le 14 juin 1658, les troupes espagnoles de Condé et de don Juan d'Autriche subissent une sévère défaite à la bataille des Dunes, près de Dunkerque. La place capitule à son tour. Après cette double victoire, Turenne poursuit sa marche triomphale à travers la Flandre maritime.
Au cours de cette campagne, Louis s'est montré égal à lui-même, plein d'énergie et d'intrépidité. Mais une dangereuse fièvre pourpre – la scarlatine ? – menace bientôt ses jours. Dans la nuit du 6 au 7 juillet, on le croit perdu. À Paris, on multiplie les processions publiques. Par chance, le médecin de la reine, Guénaut, le sauve grâce à un « remède miracle », l'émétique. Cette épreuve marque profondément le jeune roi, qui a appris, après son rétablissement, les intrigues nouées par certains anciens Frondeurs pendant le court moment où la couronne a failli passer de sa tête à celle de son cadet, Philippe d'Anjou.

Comment soigner le roi ?

Six médecins discutent des remèdes à employer. La purgation et les vésicatoires ne produisant aucun effet, Guénaut, médecin de la reine, suggère d'essayer l'émétique, potion concoctée à base d'antimoine et de vin, et que certains tiennent pour un poison violent. De nombreuses discussions et l'accord de Mazarin sont nécessaires pour tenter ce remède de la dernière chance. Le lundi 8 juillet, conte le médecin du roi, Vallot, dans son *Journal,* « je fis mêler trois onces de vin émétique avec trois prises de tisane laxative et sur-le-champ je lui fis prendre une tierce partie de tout ce mélange qui réussit si bien et si heureusement que le roi fut purgé vingt-deux fois d'une matière séreuse, verdâtre et un peu jaune, sans beaucoup de violence, n'ayant vomi que deux fois, environ quatre ou cinq heures après la médecine… ». *(Ci-contre,* Ex-voto pour la guérison du roi, *Versailles, musée national du Château)*

LES DANGERS DE GUERRE CIVILE

À tout instant, les braises mal éteintes de la guerre civile menacent de se rallumer. Les dévots, les curés, les chanoines de Notre-Dame, la Sorbonne, l'abbaye de Port-Royal n'ont cessé de réclamer la libération du cardinal de Retz. Celui-ci s'évade de sa prison du château de Nantes, gagne l'Espagne puis Rome, d'où il mène la guerre contre Mazarin. Par l'intermédiaire d'un grand vicaire qui se dissimule dans Paris, il gouverne de fait l'archevêché de la capitale, vacant depuis la mort de son oncle Gondi. C'est la « Fronde des curés ».
Beaucoup de grands ont gardé une mentalité féodale et profitent de la faiblesse de l'État pour monnayer leur soutien. Ainsi le vice-amiral de Foucault s'est-il barricadé dans son gouvernement de Brouage d'où il contrôle la flotte de La Rochelle. Il a rallié Condé et l'Espagne et n'échangera sa principauté navale que contre le bâton de maréchal, le titre de duc, l'intendance de la navigation, le collier des ordres du roi et 530 000 livres de gratification. Il faut en passer par là. Beaucoup se livrent au même chantage : Hocquincourt, Épernon, Harcourt… L'orgueil, l'esprit d'indépendance et l'avidité de l'aristocratie n'ont pas disparu avec la Fronde.

Port-Royal

Foyer du jansénisme, le monastère de Port-Royal (partagé entre le couvent parisien et la maison des champs) est au cœur de la querelle qui oppose les tenants d'une réforme théologique et morale sévère, manifestant une nette indépendance d'esprit, aux autorités pontificale et royale. La réduction à l'obéissance des sœurs de Port-Royal et des Messieurs provoque une crise religieuse et politique qui perdure tout au long du règne de Louis XIV.

LA MÈRE ANGÉLIQUE ARNAULD, *PAR PHILIPPE DE CHAMPAIGNE.* *Née en 1591, elle entreprend à 18 ans la réforme de Port-Royal, dont elle est abbesse. Elle impose un retour à la stricte règle de Cîteaux, soutenue par la partie janséniste de sa famille, et sous la direction de l'abbé de Saint-Cyran, mais se heurte aux controverses que suscite le jansénisme. Elle passe pour être d'une « vertu et d'une sainteté rares ». (Paris, musée du Louvre)*

FRONTISPICE DES PROVINCIALES DE BLAISE PASCAL. *Très influencé depuis sa jeunesse par le jansénisme, Pascal fait paraître juste après la condamnation d'Arnauld par la Sorbonne sa première* Provinciale. *Ces lettres connaissent un grand succès dans le public cultivé, auprès de qui elles introduisent la controverse entre les jansénistes et la Sorbonne. En septembre 1657, elles sont mises à l'Index. (Paris, B.N.F.)*

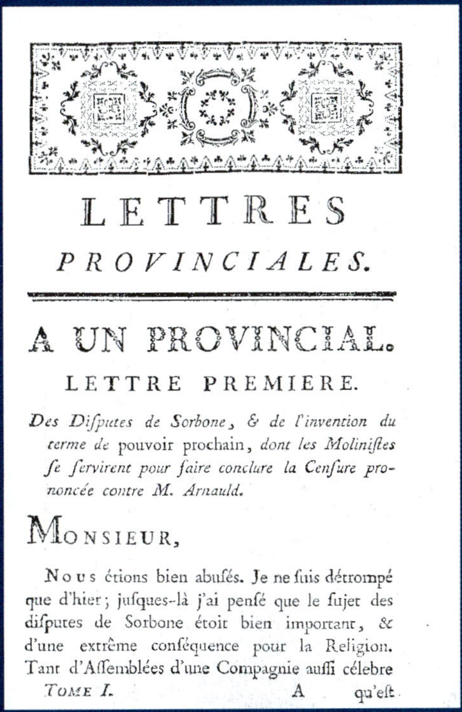

LETTRES
PROVINCIALES.

A UN PROVINCIAL.
LETTRE PREMIERE.

Des Disputes de Sorbone, & de l'invention du terme de pouvoir prochain, dont les Molinistes se servirent pour faire conclure la Censure prononcée contre M. Arnauld.

MONSIEUR,

NOUS étions bien abusés. Je ne suis détrompé que d'hier; jusques-là j'ai pensé que le sujet des disputes de Sorbone étoit bien important, & d'une extrême conséquence pour la Religion. Tant d'Assemblées d'une Compagnie aussi célebre

TOME I. A qu'est

ANTOINE ARNAULD (1612-1694). *Frère de la mère Angélique, il est l'un des chefs de file du jansénisme, auteur de* De La fréquente communion. *Il sera condamné par la Sorbonne en 1656 (Versailles, musée national du Château)*

LA DÉROUTE ET CONFUSION DES JANSÉNISTES. *L'opposition des jansénistes au pape et au roi repose sur une interprétation à la fois théologique et morale de la religion catholique. L'intransigeance des premiers, l'inquiétude des seconds transforment cette querelle en affaire d'État. Œuvre de propagande, cette gravure montre le roi victorieux du jansénisme. (Paris, bibliothèque du musée des Arts décoratifs)*

L'ABBAYE DE PORT-ROYAL-DES-CHAMPS. *Bâti en vallée de Chevreuse, ce monastère souffre de l'humidité qui justifie le transfert de la communauté cistercienne à Paris. Conservé néanmoins par les religieuses, il sera pour elles un refuge durant les événements politiques et militaires du XVIIe siècle. Cette maison est agrandie et fortifiée au cours des années 1650, fournissant de l'ouvrage aux paysans pauvres des environs. (Magny-les-Hameaux, musée des Granges de Port-Royal)*

PROCESSION DANS LE CLOÎTRE DE PORT-ROYAL-DES-CHAMPS. *En rétablissant la clôture en 1609, en imposant aux religieuses une observation stricte de la règle, la mère Angélique illustre avec austérité ce que sera l'idéal de réforme des jansénistes. (Magny-les-Hameaux, musée des Granges de Port-Royal)*

Le portrait du roi

Voici donc le roi à vingt ans : c'est un magnifique athlète, robuste et bien découplé ; son air majestueux s'unit à une vitalité campagnarde. Contrairement à une légende qui s'est développée récemment, il est de grande taille (plus d'un mètre quatre-vingts). Le visage, sans être d'une parfaite beauté, est régulier et ouvert : le nez est un peu long, les joues sont légèrement marquées par la petite vérole, mais les yeux brillants et doux nuancent d'une touche de mélancolie l'air de grandeur dédaigneux que lui donnent sa lèvre inférieure charnue et son ombre de moustache. Les cheveux châtain foncé, qu'il porte au naturel – il ne mettra pas de perruque avant l'année 1673 – sont admirables. « Enfin, à tout prendre », écrit la Grande Mademoiselle, qui a perdu l'espoir de devenir l'épouse de ce mari idéal lors d'une canonnade des plus fâcheuses, « c'est le plus bel homme du monde et le mieux fait de son royaume et assurément de tous les autres ».

LA MÉTAMORPHOSE

Au sortir de l'adolescence, Louis XIV traverse une crise, liée à la fois à l'éveil de sa sensibilité amoureuse et à l'affirmation de son autorité face à la tutelle de sa mère et du cardinal : crise capitale qui, pendant un temps, met en jeu la paix de l'Europe. Comme un héros classique, Louis devra la surmonter pour devenir lui-même.

L'ÉLÈVE DE MAZARIN

Louis reste un amateur de grand air qui ressent le besoin impérieux de brûler son énergie dans des activités sportives : ses préférences vont à l'équitation, la chasse, le tir, le jeu de paume. Mais en même temps il se révèle grand travailleur, capable de passer des heures entières à étudier les dossiers. Sa prodigieuse mémoire étonne son entourage. S'il n'a pas l'imagination vive et féconde, on ne saurait voir en lui un esprit « au-dessous du médiocre », comme le prétend Saint-Simon, toujours mesquin et partial quand il s'agit du roi. « Il se mettra en chemin un peu tard, a dit Mazarin au maréchal de Villeroy, mais il ira plus loin qu'un autre. » Au maréchal de Gramont, il ajoute : « Vous ne le connaissez pas, il y a en lui de l'étoffe de faire quatre rois et un honnête homme ! » De sa mère et du cardinal, Louis a appris le goût du secret, le sens de la dissimulation. Étudiant avec soin ses gestes et ses poses, il s'est composé un personnage de façade, digne, sérieux, toujours maître de lui, ne s'emportant jamais. « Je verrai », répond-il aux solliciteurs. Il tient à rester libre et indéchiffrable. S'il compense sa raideur native par une exquise politesse, il mettra plus de temps à dompter son émotivité.

Dans le cercle restreint des intimes, il est très différent du sphinx indéchiffrable qu'il affecte d'être en public. On le voit gai, malicieux, railleur même. On l'aborde sans crainte, on rit et badine avec lui. Il ne déteste pas faire des plaisanteries de collégien. Son caractère est marqué par deux tendances contradictoires : la timidité – d'où sa grande méfiance et son orgueil – et la volonté – d'où son constant désir de brider sa sensibilité, ses impulsions naturelles, sa spontanéité, pour ne laisser paraître que le masque marmoréen de la majesté royale.

PREMIERS ÉMOIS AMOUREUX

Contrairement à son cadet Philippe, qui se plaît à être élevé en fille, Louis est attiré très jeune par les femmes. Les tentations ne manquent pas à la Cour. Mais les troubles qu'il a

◀ ***Le projet de mariage du roi en 1658.*** *Le portrait d'une princesse est présenté à Louis XIV en présence de la reine mère, du cardinal et de la Cour. Cette union est un enjeu majeur de la politique européenne.* *(Paris, B.N.F.)*

Portrait de Louis XIV jeune. ▶ *Le roi passe pour inspirer facilement de l'admiration et de l'amour par sa belle mine et sa stature majestueuse. Mais sa jeunesse le rend vulnérable devant le sentiment amoureux.* *(Versailles, musée national du Château)*

▲ ***Paire de boucles d'oreilles de Marie Mancini.*** *Faites de perles et de brillants qui leur donnent un grand prix, elles sont offertes par le roi à la belle Italienne.* *(Collection particulière)*

Marie Mancini (1639-1706). ▶ *Elle passe pour laide auprès des mémorialistes de l'époque, mais inspire au roi sa première passion.* *(Rome, Galerie Colonna)*

vécus dans son adolescence l'ont rendu craintif et réservé. On conte que c'est la galante baronne de Beauvais, Catherine Bellier – surnommée peu gracieusement Cathau la Borgnesse –, dame d'honneur de la reine, qui l'a déniaisé. A-t-il eu alors d'autres aventures ? On ne sait comment il a eu, à dix-sept ans, une blennorragie qui dure sept mois et inquiète son médecin, Antoine Vallot. Sûrs de la chasteté de leur patient, les « Diafoirus » en perdent leur latin…

Les aventures sentimentales, en revanche, sont mieux connues. De dangereuses et perfides créatures tournent autour de lui : ce sont les nièces de Mazarin, de piquantes et jolies brunettes, qui ont apporté avec elles le soleil et le charme brûlants de l'Italie. En 1657, Louis tombe amoureux d'Olympe Mancini, la plus ambitieuse et intrigante de toutes. Ce n'est qu'un amusement sans conséquence. Sensée, la belle se précipite sur le premier beau parti qui se présente, le prince Eugène-Maurice de Savoie, à l'intention de qui le cardinal relève le prestigieux titre de comte de Soissons.

MARIE MANCINI

L'amour du roi et de Marie Mancini est de plus longue durée. Quand, en juin 1658, Louis XIV se trouve à Calais, atteint par la fièvre pourpre, au bord de la tombe, il apprend avec émotion que la petite Italienne a versé de gros sanglots. N'est-ce pas la preuve qu'il est aimé pour lui-même, au moment où le reste de la Cour commence à tourner ses regards vers son frère Philippe ? Certes, elle n'est pas belle, cette sauvageonne gracile au teint de pruneau, mais quelle importance ! La chaste passion des jeunes gens s'enflamme à l'automne, à Fontainebleau, au milieu des fêtes, des bals, des chasses, des délicieuses promenades en barque sur le canal. Louis est attiré par cette excellente cavalière, à l'esprit vif et orné. Encore mal dégrossi sur le plan littéraire et artistique, il a beaucoup à apprendre de cette incomparable précieuse, un peu pédante, qui connaît les romans à la mode, ceux de Mlle de Scudéry et de La Calprenède, et se montre capable de réciter des tirades entières du *Cid* ou d'*Horace*. Il ne fait aucun doute qu'elle a contribué à éveiller son goût de la musique, de la peinture, de la littérature et que, sans leur romance, l'éclat de la cour de Versailles n'aurait pas été si brillant.

STRATÉGIE MATRIMONIALE

Cependant la paix entre la France et l'Espagne se profile à l'horizon. Dans la Flandre maritime, les victoires de Turenne laissent peu de doute sur l'issue du conflit. Des pourparlers avaient échoué en 1656. On y avait débattu d'un projet de mariage de Louis et de l'infante Marie-Thérèse, fille aînée du roi Philippe IV. Cette union pouvait être un gage de paix

La Bidassoa et l'île ▶ des Faisans.
C'est là que Mazarin négocie avec don Luis de Haro le traité des Pyrénées, entre les mois d'août et de novembre 1659.
(Paris, B.N.F.)

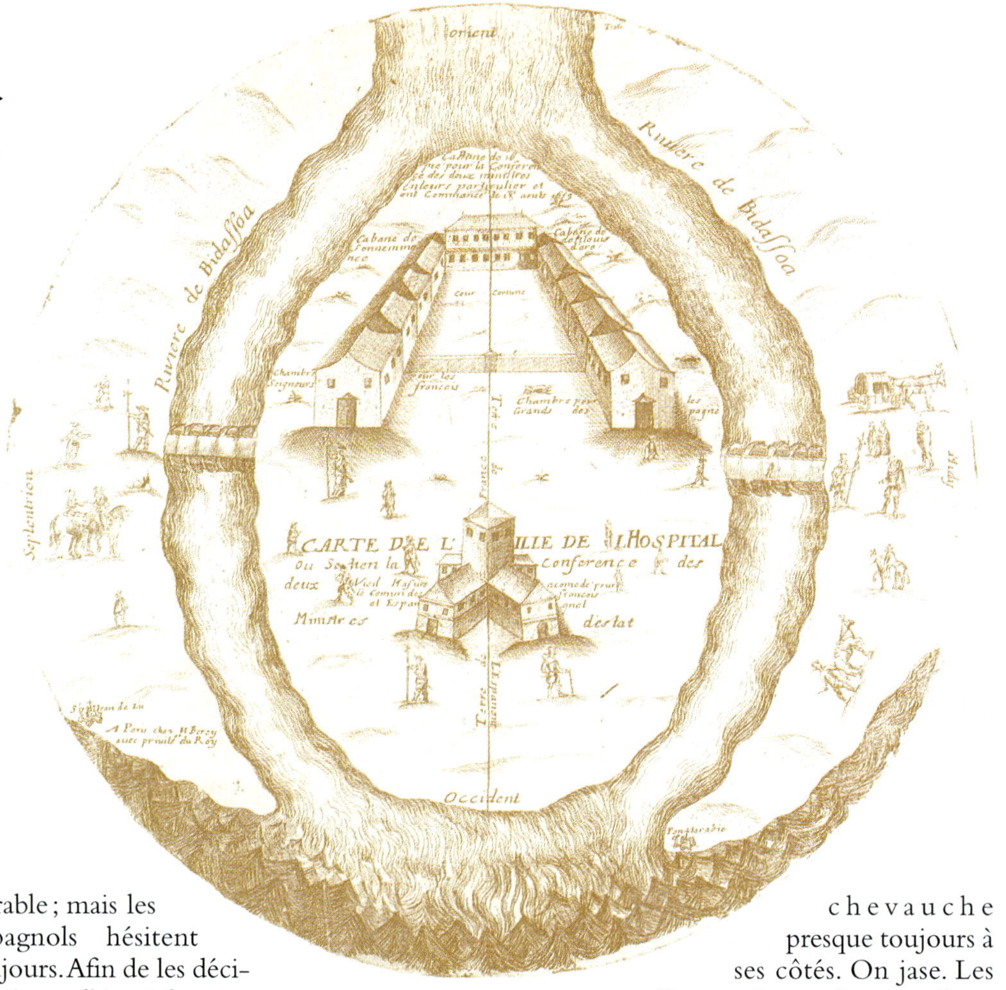

La famille de Savoie

En 1619, Victor-Amédée Ier, duc de Savoie, épouse Chrétienne (ou Christine) de France (1606-1663), fille d'Henri IV et sœur de Louis XIII, qui se fait appeler du titre, alors inusité, de Madame Royale. Le couple a plusieurs enfants : Louise-Marie-Christine (1629-1692), qui se marie avec son oncle, Maurice de Savoie ; François-Hyacinthe (1632-1638), qui succède à son père en 1637 ; Charles-Emmanuel II (1634-1675), qui devient duc de Savoie à la mort de son frère aîné ; Marguerite-Yolande (1635-1663), qui, après l'échec du projet de mariage avec Louis XIV, épouse en 1660 Ranuce II Farnèse, duc de Parme ; et Adélaïde (1636-1676), qui s'unit à Ferdinand-Marie, duc de Bavière (leur fille, Marie-Anne-Christine-Victoire de Bavière, épousera le Grand Dauphin en 1680). Sous l'influence de Madame Royale, qui exerce le pouvoir longtemps après la fin de sa régence, la Savoie demeure une fidèle alliée de la France.

durable ; mais les Espagnols hésitent toujours. Afin de les décider, Anne d'Autriche et son ministre avancent un autre projet : le mariage de Louis avec la jeune princesse Marguerite de Savoie, l'une des filles de Chrétienne de France – elle-même fille d'Henri IV. Cette solution pourra entraîner deux issues : soit l'Espagne, piquée de voir l'infante dédaignée, réagit, et l'entreprise savoyarde aura servi d'appât ; soit les Espagnols laissent faire, et le mariage servira à rapprocher la France et la Savoie, faute de mieux.

LE MARIAGE AVORTÉ

Comme Louis a déclaré qu'il voulait voir la demoiselle avant de donner son consentement, la Cour se rend à Lyon en novembre 1658. Le jeune homme ne paraît pas hostile à la perspective de cette union, bien qu'il se montre plus que jamais amoureux de Marie Mancini. Pendant le voyage, il chevauche presque toujours à ses côtés. On jase. Les Espagnols, enfin, tombent dans le piège. Philippe IV dépêche son secrétaire d'État aux Relations extérieures, Pimentel, afin d'offrir la paix et la main de l'infante. À Lyon, il faut alors expliquer à la duchesse de Savoie et à sa fille que la tranquillité de l'Europe exige de tout annuler. Cela manque pour le moins de panache, mais qu'importe !

UNE PASSION RAVAGEUSE

En attendant, l'idylle avec Marie se poursuit. Les tourtereaux chantent et jouent de la guitare. Lors d'un bal, la jeune fille arbore un corsage serti d'émeraudes, avec une houlette à la main. Ces bergeries sont belles, mais si dangereuses ! Louis la complimente : « Ma reine, cet habit vous sied à ravir ! ». Forte de l'amour du roi, Marie devient provocante et caresse le rêve d'écarter l'infante et de monter sur le trône de France. Anne, en mère attentive, s'inquiète la première de cette idylle. Le cardinal réagit plus tardivement. Escompte-t-il occuper le cœur du roi avec cette commode amourette en attendant la conclusion de la paix et l'arrivée triomphale de l'infante ? Ou rêve-t-il de devenir le cousin du roi, si l'entente avec

Don Luis de Haro,* ▶ *principal ministre d'Espagne.
Il négocie âprement les termes du traité des Pyrénées, qui porte en germe la guerre de Dévolution.
(Chantilly, musée Condé)

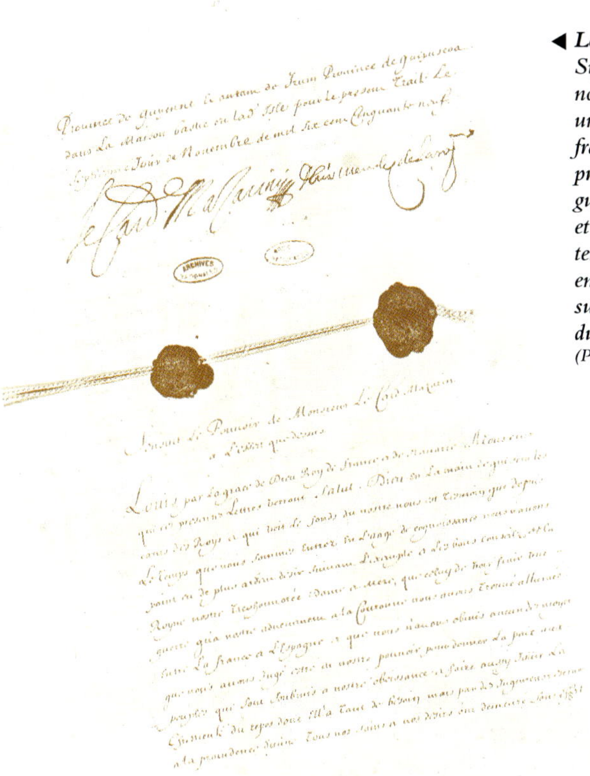

◀ ***Le traité des Pyrénées.*** *Signé au mois de novembre 1659, il met un terme aux hostilités franco-espagnoles, prolongation de la guerre de Trente Ans, et prévoit des clauses territoriales, le retour en grâce de Condé et, surtout, le mariage du roi et de l'infante.*
(Paris, Archives nationales)

Pimentel échoue ? Sur ce point, les historiens hésitent. Il est néanmoins difficile de croire que le cardinal ait eu longtemps la folle tentation de réaliser ce mariage, au moment où il était sur le point d'achever la grande œuvre de sa vie, la paix en Europe. Marie, son impétueuse et impertinente nièce de dix-neuf ans, avec ses airs boudeurs et sa froide ambition, risque d'anéantir des années d'efforts diplomatiques et de rallumer le brasier qui avait consumé l'Occident ! Hélas, il est bien tard ! Car Louis fait des siennes, trépigne, tape du pied, affirme haut et fort devant la reine et Son Éminence médusées qu'il renonce à la blonde infante et épousera sa petite campagnarde des Abruzzes ! Il le lui a promis ! Il en vient même à menacer son parrain de disgrâce s'il ne consent à ce projet !

L'AMOUR IMPOSSIBLE

La crise est terrible. Louis se prend pour un héros de roman au cœur tendre ! Et son devoir d'état, qu'en fait-il ? Quelle terrible responsabilité ne va-t-il pas prendre devant son peuple, qui depuis près de vingt-cinq ans aspire à la paix ? Anne et Jules n'ont pas trop de toute leur détermination pour raisonner ce jeune écervelé. Les préliminaires de paix viennent d'être signés, et le cardinal doit se rendre à Saint-Jean-de-Luz pour négocier avec le ministre don Luis de Haro le texte du traité. La rage au cœur, Louis supplie à genoux, pleure, en vain ! Il a perdu ! Mazarin décide d'emmener ses nièces. Elles s'installeront à Brouage, avec Mme de Venel, leur gouvernante, tandis qu'il continuera sa route vers le sud. Les adieux sont pathétiques, noyés de larmes.

LA RAISON L'EMPORTE ENFIN

Mais rien n'est joué. De Chantilly, puis de Fontainebleau, où il est allé enfouir son chagrin, Louis écrit lettre sur lettre à son égérie. Mazarin, toujours sur la route, adresse à son élève de longues mercuriales. Il le sent inébranlable, et la reine paraît s'attendrir devant les souffrances de son fils. Ces lettres au roi, un modèle du genre, suffisent à montrer la grandeur de l'Italien. La crise dure jusqu'en septembre. Louis se résigne au mariage avec l'infante, mais espère qu'un événement imprévu arrêtera le destin. En août, se rendant à Bordeaux, il obtient la permission de la reine de revoir Marie. Jusqu'au dernier moment, Mazarin tremble, menaçant même de démissionner et de se retirer en Italie avec ses nièces. Enfin, le cœur s'ouvre à la raison. Louis accepte : il est devenu Louis XIV.

L'Île des Faisans

En épousant sa cousine germaine, fille du roi d'Espagne, le roi de France conclut une alliance dont la portée est éminemment politique et diplomatique, mais dénuée de tout sentiment personnel. Le faste somptueux qui l'accompagne célèbre ainsi l'union des deux royaumes les plus puissants d'Europe qui scellent leur réconciliation.

L'INFANTE MARIE-THÉRÈSE D'AUTRICHE (1638-1683). La future reine de France est de petite taille et parle mal le français. Délaissée par son époux, isolée à la Cour, elle saura pourtant se faire apprécier de beaucoup, pour sa bonté, sa modestie et sa piété. (Madrid, musée du Prado)

ALLÉGORIE DU TRAITÉ DES PYRÉNÉES (7 NOVEMBRE 1659). Suivi de sa mère et de son frère, Louis XIV s'apprête à recevoir de Minerve, Junon et Vénus la couronne d'Espagne, allusion à son prochain mariage. (Versailles, musée national du Château)

MAISON DITE « DE L'INFANTE », À SAINT-JEAN-DE-LUZ. C'est dans cette maison de style italien que réside l'infante Marie-Thérèse lors de son séjour dans la ville. Les noces du roi donnent à la cité une importance capitale, qui transparaît aujourd'hui encore dans son patrimoine architectural.

L'ENTREVUE DE PHILIPPE IV ET DE LOUIS XIV DANS L'ÎLE DES FAISANS, LE 6 JUIN 1660. Le roi d'Espagne, qui avait accompagné sa fille en France, rencontre Louis XIV trois jours avant le mariage, dans l'île des Faisans, sur la Bidassoa. Les deux souverains se jurent amitié et approuvent le traité des Pyrénées. (Le Mans, musée de Tessé)

LE FESTIN DU MARIAGE ROYAL. Louis XIV ne connaissait pas sa cousine Marie-Thérèse avant de se rendre à Saint-Jean de Luz. S'il ne manifeste aucune passion à son endroit – elle, au contraire, sera très éprise de son époux –, il lui porte certainement de l'affection. Dans le faste des fêtes du mariage, l'obligation de « paraître » laisse peu de temps et de loisirs aux jeunes époux pour se connaître. (Paris, B.N.F.)

LA CÉRÉMONIE DU MARIAGE, LE 9 JUIN 1660. D'abord célébré par procuration à Fontarabie le 3 juin, le mariage, béni par l'évêque de Bayonne, a lieu dans l'église de Saint-Jean-de-Luz, en présence d'Anne d'Autriche. Au contraire de ce que prévoyait le traité des Pyrénées, aucune dot ne sera versée à la France à l'occasion de cette union. (Versailles, musée national du Château)

◀ ***Arc de triomphe érigé pour l'entrée du roi à Paris (26 août 1660).*** *Les corps assemblés de la capitale ont préparé une entrée somptueuse pour le roi, élevant des arcs de triomphe éphémères sur le chemin du cortège...*
(Paris, musée Carnavalet)

La mort de Mazarin (9 mars 1661). ▶ *Sa longue agonie n'empêche pas le cardinal de prendre des dispositions concernant sa fortune et les affaires du royaume.*
(Londres, Wallace Collection)

LA FIN D'UNE ÉPOQUE

Le 7 novembre 1659 a été signé le traité des Pyrénées : l'Espagne cède à la France le Roussillon et la Cerdagne, l'Artois moins Aire-sur-la-Lys et Saint-Omer, plusieurs places en Flandre, dans le Hainaut et au Luxembourg. Le traité prévoyait en outre le mariage du roi et de l'infante, gage de l'entente des deux grandes puissances catholiques. Mais la cérémonie sera repoussée au printemps de 1660.

LA COUR DANS LE MIDI

Durant l'hiver, la Cour avait séjourné dans le Languedoc, puis en Provence. Le 24 décembre 1659, Condé, de Bruxelles, écrivait à Mazarin : « Je meurs d'impatience d'avoir l'honneur de voir Sa Majesté et l'assurer que je reviens dans l'intention de lui rendre les services auxquels ma naissance et mon devoir m'obligent… » Le 27 janvier 1660, Louis XIV avait donc vu s'agenouiller devant lui, à Aix, celui qui avait été son adversaire le plus déterminé, le Grand Condé. Monsieur le Prince fut introduit auprès du roi. Louis écouta le compliment de ce cousin qui avait jeté tant de désordres dans son royaume. Anne lui répondit : « Je vous avoue que je vous ai bien voulu du mal et vous me ferez bien la justice d'avouer que j'avais raison. » Condé s'inclina. Le traité de paix prévoyait qu'il serait pardonné et recouvrerait rang et honneurs.

Quelques jours plus tard, Gaston d'Orléans s'éteignait dans son château de Blois. Des temps nouveaux commençaient et la ville de Marseille l'apprit à ses dépens : une vive sédition fomentée au sein du conseil de ville fut réprimée sévèrement. Les murailles furent abattues près de la porte royale, et le roi entra « par la brèche », comme dans une place conquise.

LE MARIAGE

Enfin les cours de France et d'Espagne se rencontrent à Saint-Jean-de-Luz. Le 6 juin, les souverains s'embrassent dans l'île des Faisans et jurent sur l'Évangile de respecter la paix. La messe de mariage a lieu le 9 juin. Les époux échangent leurs consentements devant l'évêque de Bayonne.

Puis la Cour revient à Paris, passant par Bordeaux, Poitiers, Richelieu, Chambord… Le 26 août, Paris, devenu un décor de théâtre, couvert de portiques et d'arcs de triomphe, offre aux jeunes mariés une « entrée royale » : y prennent part tous les corps constitués. La fête symbolise l'unité et la concorde, l'incorporation de la capitale au corps mystique du monarque.

◀ *Le tombeau du cardinal Mazarin. Réalisé par Coysevox trente ans après la mort du cardinal, il est inséré dans le monument qui évoque le mieux l'œuvre du cardinal.* *(Paris, Institut de France)*

◀ ***L'Académie française, à Paris.** C'est à l'origine le Collège Mazarin ou des Quatre Nations, édifié entre 1665 et 1680 sur le vœu du ministre.*

LA MORT DE MAZARIN

Mazarin, au pinacle, est célébré en héros. Il a ramené la paix intérieure et extérieure, mais le pays reste encore affaibli par les difficultés financières, la noblesse, toujours prête à monter à cheval, et la querelle janséniste. Son Éminence songe à se faire ordonner prêtre, non pour se retirer des affaires, mais au contraire pour se faire élire pape ! Le destin en décide autrement. Un œdème pulmonaire, une néphrite aiguë et une crise d'urémie ont raison de sa santé. Le 9 mars 1661, il meurt au château de Vincennes, après avoir fait semblant de léguer sa fortune au roi – obligé de la refuser – et splendidement doté son neveu et ses nièces. La Cour entière est affligée. Au fidèle Besmaux, qui se désole, Louis dit : « Console-toi, Besmaux, et me sers bien dans ton gouvernement de la Bastille ; tu as retrouvé un bon maître ! ».

LE TESTAMENT POLITIQUE DE MAZARIN

Louis s'empresse de consigner par écrit les conseils du cardinal : Je me devais, note-t-il, « de maintenir l'Église dans tous ses droits, immunités et privilèges ; [...] à l'égard de la noblesse, que c'était mon bras droit, et que j'en devais faire cas [...] ; que, pour la magistrature, il était juste de la faire honorer, mais qu'il était très important d'empêcher que ceux de cette profession ne s'émancipent [...] ; que, par tous les devoirs d'un bon roi, j'étais obligé de soulager mon peuple [...] sur toutes les impositions [...] ; que je devais bien prendre garde que chacun soit persuadé que je suis le maître... » Bien qu'inquiet d'assumer le poids de la succession, le roi est déterminé à se passer de Premier ministre. L'une de ses premières décisions est de n'admettre que les ministres au Conseil d'État, organe suprême du gouvernement, et d'en écarter le chancelier et la famille royale. Anne en est blessée : « Je m'en doutais bien qu'il serait ingrat et voudrait faire le capable ! »

LE DISCOURS DU ROI DU 10 MARS 1661

Le lendemain de la mort de Mazarin, le 10 mars 1661, le roi convoque le chancelier Séguier, les trois ministres et les quatre secrétaires d'État et s'adresse à eux : « [Messieurs], je vous ai fait assembler [...] pour vous dire que jusqu'à présent j'ai bien voulu laisser gouverner les affaires par feu M. le cardinal ; il est temps que je les gouverne moi-même. Vous m'aiderez de vos conseils quand je vous le demanderai. Hors le courant du sceau, auquel je prétends ne rien changer, je vous prie et vous ordonne, M. le chancelier, de ne rien sceller en commandement que par mes ordres [...]. Et vous, mes secrétaires d'État, je vous ordonne de ne rien signer, pas même une sauvegarde, ni un passeport, sans mon commandement [...]. Et vous, M. le surintendant, je vous ai expliqué mes volontés, je vous prie de vous servir de M. Colbert, que feu M. le cardinal m'a recommandé [...]. La face du théâtre change. Dans le gouvernement de mon État, dans la régie de mes finances et dans les négociations au-dehors, j'aurai d'autres principes que ceux de feu M. le cardinal. Vous savez mes volontés, c'est à vous maintenant, messieurs, à les exécuter... »

1661-1672

L'éclat du Soleil

◀ ***Portière du char de triomphe de Fouquet.*** *Réalisée d'après un dessin de Le Brun, cette tapisserie rassemble de nombreuses et flatteuses allusions à la gloire royale.* (*Château de Chambord, Loir-et-Cher*)

▼ ***Nicolas Fouquet (1615-1680).*** *Doué d'un remarquable sens des affaires, mais dénué de scrupules, il est la première victime de l'autorité du roi.* (*Château de Vaux-le-Vicomte, Seine-et-Marne*)

Le château de Vaux-le-Vicomte (Seine-et-Marne). *Construit en 1656, Vaux symbolise la réussite de Fouquet. Louis XIV reprendra pour édifier Versailles les mêmes artistes : Le Vau, Le Brun, Le Nôtre...* ▶

LA CHUTE DE L'ÉCUREUIL

Sur son lit d'agonie, Mazarin a recommandé au roi les trois ministres d'État membres du Conseil d'en haut, Michel Le Tellier, qui a la charge de la Guerre, Hugues de Lionne, celle des Affaires étrangères, et Nicolas Fouquet, celle des Finances. Ce sont, a-t-il dit, des gens compétents et de grand mérite. À l'égard du dernier, cependant, il lui a conseillé de prendre garde à son ambition et de se méfier de son goût excessif des bâtiments et des femmes...

FOUQUET L'AMBITIEUX

À quarante-six ans, Nicolas Fouquet est un homme fin et distingué, plein de charme, un séducteur-né, au visage long, aux lèvres sensuelles, au regard caressant et quelque peu matois. Il est issu d'une modeste famille de chaussiers-drapiers d'Angers, qui s'est agrégée à la noblesse de robe et a choisi pour armes l'écureuil, avec pour fière devise : *Quo non ascendet* (Jusqu'où ne montera-t-il pas ?). En novembre 1650, il a acheté, avec le soutien de Mazarin, la charge de procureur général au parlement de Paris et est devenu surintendant des Finances en février 1653, d'abord aux côtés du vieux diplomate Abel Servien, puis, en 1659, seul. L'époque est difficile pour le Trésor royal. Il faut consentir aux traitants et aux partisans des taux usuraires, en falsifiant leurs contrats afin qu'ils couvrent la différence entre le taux légal autorisé (5,5 %) et le taux réel pratiqué (de 30 à 50 %). En usant de ces procédés peu orthodoxes, déjà couramment pratiqués avant lui, l'habile Fouquet a réussi avec art et finesse à financer l'effort de guerre du pays. Néanmoins, il vit sur la corde raide, n'hésitant pas à mobiliser ses amis et à faire lui-même des prêts à l'État en cas de nécessité.

UNE FORTUNE SUSPECTE

Mêlé au jeu flamboyant de l'argent et de la spéculation, brassant des millions dans un indescriptible désordre, touchant des pensions et des pots-de-vin, à l'image de son « patron », empruntant à tour de bras, il s'est constitué une fortune qui lui a permis d'acquérir de nombreux domaines en Bretagne et de bâtir le château de Vaux-le-Vicomte, près de Melun, pour lequel il a dépensé plus de quatre millions. Ami des Muses et grand mécène, il reçoit, dans sa propriété de Saint-Mandé, les beaux esprits, les littérateurs, amateurs de poésie élégiaque ou ciseleurs de madrigaux. Il protège et pensionne

Charles de Batz-Castelmore, comte d'Artagnan (v. 1613-1673). ▼
C'est à ce valeureux officier gascon, protégé de Mazarin, qu'est confiée la tâche d'arrêter le surintendant, à Nantes.

L'arrestation de Fouquet

« Ce matin, le surintendant est venu travailler avec moi à l'accoutumée, je l'ai entretenu tantôt d'une manière tantôt d'une autre et fait semblant de chercher des papiers jusqu'à ce que j'aie aperçu par la fenêtre de mon cabinet Artagnan dans la cour du château, et alors j'ai laissé aller le surintendant [...] Artagnan l'a attrapé dans la place de la grande église, et l'a arrêté de ma part, environ sur le midi [...]. J'ai discouru ensuite de cet accident avec ces Messieurs qui sont ici avec moi [...]. Je leur ai déclaré que je ne voulais plus de surintendant, mais travailler moi-même aux finances avec des personnes fidèles qui agiront sous moi [...]. Il y en a eu de bien penauds, mais je suis bien aise qu'ils voient que je ne suis pas si dupe qu'ils s'étaient imaginés et que le meilleur parti est de s'attacher à moi... »
(Lettre du roi à sa mère, datée du 5 septembre 1661)

Boisrobert, Loret, Brébeuf, Mlle de Scudéry, Saint-Évremond, Pellisson, Scarron, La Fontaine, courtise Mme de Sévigné et peut-être Mme Scarron, la future marquise de Maintenon... Pour Vaux, il a choisi d'incomparables artistes : l'architecte Louis Le Vau, le jardinier André Le Nôtre, le peintre Charles Le Brun, l'agronome Jean de La Quintinie, le sculpteur François Girardon, la future équipe de Versailles...

FOUQUET CONTRE COLBERT

À la mort de Mazarin, Fouquet a l'habileté de confesser à Louis XIV que, dans la gestion des finances, le respect des formes n'a pas toujours été observé. Magnanime, Louis XIV le rassure – c'est le surintendant lui-même qui le dira – par des paroles « nobles et dignes d'un grand roi ».
Cependant, les ennemis de Fouquet veillent, notamment Jean-Baptiste Colbert. L'ancien factotum de Mazarin, à quarante-deux ans, a lui aussi de grandes ambitions. Grâce à sa charge d'intendant des Finances, qu'il a reçue la veille de la mort de son maître, il peut approcher le monarque. Une fois par semaine, raconte Mme de Motteville, il entre humblement chez lui, un sac de velours sous le bras comme un simple commis, et instille peu à peu des doutes sur l'honnêteté du surintendant : Ne poursuit-il pas ses emprunts usuraires ? Ne consent-il pas de scandaleuses remises à ses amis financiers ? Pour Colbert, il faut balayer d'un coup ce système, faire rendre gorge à tous les traitants et partisans qui ont volé l'État à millions en accusant leur véritable chef : le surintendant. À la « maxime du désordre », il est temps de substituer la « maxime de l'ordre », la sienne.

LA PERTE DE FOUQUET

Louis XIV en retire le sentiment d'avoir été trompé et, dès le 4 mai 1661, prend la décision de renvoyer son grand argentier à l'automne. Pourtant, c'est seulement cinq semaines plus tard, lorsqu'il apprend sur les rapports d'un cousin de Colbert, Colbert de Terron, gouverneur de Brouage, que Fouquet fortifie secrètement son domaine de Belle-Île, y entasse des armes et des munitions, qu'il se convainc de la nécessité de le faire arrêter et de le traduire en justice. La fameuse fête de Vaux, le 17 août, organisée par Vatel n'arrange rien. Louis, qui connaît déjà le domaine, est étonné, abasourdi par les splendeurs de cette réception, le spectacle des eaux jaillissantes, le repas servi au château, la comédie des *Fâcheux*, jouée par Molière et sa troupe, le feu d'artifice, les illuminations du parc... Il est indiscutable qu'il

Le procès de Fouquet. *Il est confié à une chambre de justice qui instruit en fait le procès des financiers et des traitants. Fouquet, qui se défend avec habileté, sauve ainsi sa vie.* (Paris, B.N.F.)

éprouve de la jalousie devant tant de luxe déployé par l'un de ses sujets, mais sa décision était prise bien avant. Le 5 septembre, Fouquet, arrêté par un sous-lieutenant des mousquetaires, d'Artagnan, est conduit au château d'Angers.

LA FIN DE LA SURINTENDANCE

Louis XIV agit bien davantage pour des motifs politiques que financiers. Il se sent enserré dans la toile d'araignée des créatures du surintendant – celui-ci, dit-on, avait acheté la moitié de la Cour –, au point de craindre de perdre le contrôle de l'État. À bien des égards également, la chute de Fouquet apparaît comme un exorcisme du passé mené par un jeune homme ardent, désireux d'oublier l'omniprésente figure de Mazarin et de rompre avec les désordres et improvisations antérieurs. Fouquet ne cesse de répéter que son dessein de se passer de Premier ministre n'est qu'un caprice d'enfant. Le coup d'éclat du 5 septembre 1661 a été, de ce point de vue, une opération de propagande dont l'objet est d'affermir son pouvoir. Le 12 septembre, le Conseil d'en haut décide de remplacer la charge de surintendant par un Conseil royal des finances, dont Colbert est la cheville ouvrière.

UN PROCÈS POUR L'EXEMPLE

Une juridiction extraordinaire est constituée, présidée par le chancelier Séguier. Sa tâche est d'instruire tous les délits financiers commis depuis 1635. Entreprise gigantesque et de longue haleine, qui explique l'enlisement du procès Fouquet. En dépit des pressions éhontées de Colbert qui, pour intimider les juges, recourt au chantage et à la corruption, Fouquet sauve sa tête. En 1664, la Chambre le bannit à perpétuité et confisque ses biens. Mais Louis XIV ne veut pas voir partir à l'étranger un esprit aussi dangereux, et commue la sentence en emprisonnement à vie. Décision sévère, qui s'explique facilement : on ne pouvait le reléguer en résidence surveillée en province, et, à la moindre difficulté, le voir devenir l'homme du recours, vers qui les « malcontents » se seraient tournés. Sans doute n'y avait-il pas d'autre solution que celle prise par le jeune roi hautement pénétré de son devoir. C'est au donjon de Pignerol, petite ville française des Alpes, que l'ancien surintendant va passer le reste de ses jours. Il y meurt d'une crise d'apoplexie le 23 mars 1680, à l'âge de soixante-cinq ans.

▼ ***La forteresse de Pignerol.*** *C'est dans une partie aménagée de ce château médiéval qu'est enfermé le surintendant jusqu'à sa mort en 1680.* (Paris, B.N.F.)

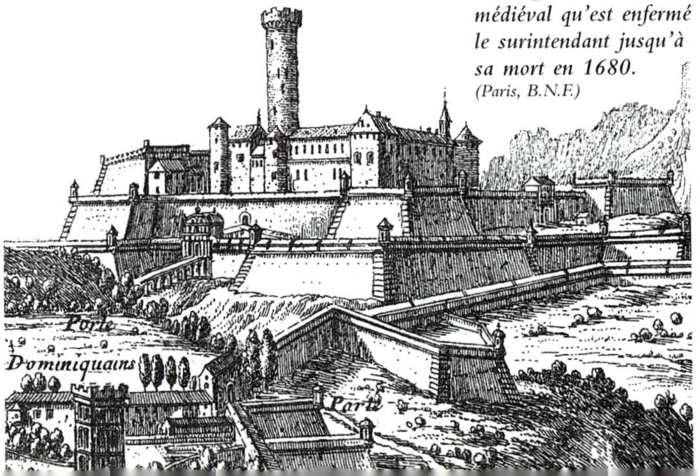

1661 - Le couronnement de Charles II

Depuis l'exécution de son père en 1649, Charles II Stuart est le légitime souverain d'Angleterre. Contraint de se réfugier en France dès 1646, il se proclame néanmoins roi à Scone, en Écosse, quatre ans plus tard, mais est battu par les troupes de Cromwell en 1651 à Worcester.

En 1653, Cromwell prend le pouvoir et gouverne jusqu'à sa mort en 1658, selon un mode quasi monarchique, obtenant même de désigner son successeur. Son fils Richard devient à son tour lord-protecteur. Incapable de s'imposer face aux généraux, il se retire dès 1659. Devant la situation anarchique du royaume, George Monk décide d'imposer la restauration des Stuarts.

Charles II, réfugié en Hollande, est persuadé de publier la *Déclaration de Bréda* (avril 1660), par laquelle il appelle à la réconciliation générale et garantit la liberté de conscience de chacun. Le 8 mai suivant, il fait une entrée triomphale à Londres, et il est officiellement rétabli sur le trône le 29 mai, après dix-huit ans d'exil. Soucieux de réconcilier catholiques et anglicans, il publie dès 1660 l'*Act of oblivion* (acte d'oubli) : celui-ci, qui tend à rétablir la concorde entre les confessions, est dans la même ligne que le pardon royal, accordé par Charles II pour les exactions commises pendant la guerre civile et l'interrègne. Mais l'année suivante, à la suite d'une conférence tenue à Londres, sa tentative de constituer une grande Église rassemblant tous les fidèles se révèle un échec. Animé d'un esprit de tolérance religieuse, très favorable au catholicisme auquel il se convertira sur son lit de mort, il rétablit l'Église anglicane. En dépit de ses nombreuses tentatives, il ne parvient pas à trouver de solution définitive au problème religieux qui renaîtra avec l'avènement de son frère Jacques II. Mais la révolution a choqué les Anglais, qui en gardent une profonde horreur.

Charles II.
Le roi a beaucoup appris des difficultés qu'il a connues en exil et saura adopter une politique modérée pour se faire accepter de tous. (Londres, collection particulière)

La procession du couronnement de Charles II.
La restauration sur le trône du prétendant Stuart donne lieu à des manifestations de joie et de majesté impressionnantes. (Londres, Museum of London)

Le Vau

Louis Le Vau (1612-1670) est célèbre avant même le règne personnel de Louis XIV : c'est lui qui bâtit le château de Vaux-le-Vicomte. Il met au goût du jour le style classique qui perdure tout au long du règne, et rompt avec la tradition baroque qu'incarnent les artistes italiens. Il applique son talent aux édifices royaux, aux hôtels particuliers ou encore aux fêtes royales.

L'HÔTEL LAUZUN, À PARIS. Louis Le Vau est sans doute l'architecte de cet hôtel, construit à l'occasion du mariage de Charles Grouin, financier enrichi dans sa charge de commissaire général des grains. Il est édifié vers 1656-1657 et richement décoré dans le goût de Le Brun. Par sa structure, la simplicité de sa façade et la richesse de son décor intérieur, rehaussé de moulures dorées et de plafonds peints, il est l'un des exemples les plus spectaculaires de la demeure urbaine de la riche bourgeoisie ou de l'aristocratie du règne de Louis XIV.

LA COUR CARRÉE DU LOUVRE. Parmi les divers projets commandés pour l'agrandissement du Louvre, celui de Le Vau, bien que retenu, est interrompu par Colbert. La façade intérieure de l'aile est de la cour Carrée est pourtant réalisée par l'architecte.

BAL DONNÉ DEVANT LE ROI ET LA COUR. Cette salle, située sur l'emplacement du bassin de Cérès à Versailles, est l'œuvre de Le Vau, à qui Louis XIV confie, à l'occasion des fêtes de 1668, les décors éphémères des somptueux spectacles royaux. (Versailles, musée national du Château)

LE CHÂTEAU DE VINCENNES. *Le château, utilisé comme prison, est déserté par la Cour. Nommé gouverneur de la place, Mazarin désire lui rendre son rang de résidence royale et demande à Le Vau de l'agrandir : il édifie deux pavillons symétriques (celui de la Reine, pour Anne d'Autriche, celui du Roi, pour Louis XIV), reliés par une double galerie, qui existent toujours aujourd'hui. (Paris, musée Carnavalet)*

ÉLÉVATION DE LA FAÇADE EST DU LOUVRE AVEC LA COLONNADE. *Ce projet déplaît à Colbert qui fait arrêter les travaux, déjà commencés, pour confier la réalisation de cette façade au Bernin. Mais ce projet sera lui aussi abandonné, et l'ensemble sera conçu par Claude Perrault. (Paris, musée du Louvre)*

VUE DE L'HOTEL DE BAUTRU. *La structure des hôtels particuliers évolue sous l'influence des architectes des années 1650. Autour du vestibule, se distribuent escalier et salle à manger, alors que sur les jardins s'ouvre désormais l'enfilade du grand appartement. (Paris, Bibliothèque historique de la Ville de Paris)*

Rappel à l'ordre de Colbert par le roi (24 avril 1671)

« Je fus assez maître de moi avant-hier pour vous cacher la peine que j'avais d'entendre un homme que j'ai comblé de bienfaits comme vous me parler de la manière que vous faisiez. J'ai beaucoup d'amitié pour vous, il y paraît par ce que j'ai fait ; j'en ai encore présentement, et je crois vous en donner une assez grande marque en vous disant que je me suis contraint pour vous [...]. C'est la mémoire des services que vous m'avez rendus et mon amitié qui me donnent ce sentiment ; profitez-en et ne hasardez plus de me fâcher encore, car après que j'aurai entendu vos raisons et celles de vos confrères et que j'aurai prononcé sur toutes vos prétentions [...], je ne veux plus une seule réplique. »

Portrait de Louis XIV* ▶ *vers 1660.* *Ayant résolu d'assumer le pouvoir, le roi met en place une réforme du système royal, par laquelle il prend seul toutes les décisions. *(Angers, musée des Beaux-Arts)*

▲ ***Louis XIV présidant une séance du Conseil des parties.*** ***Les secrétaires d'État et les ministres remplissent plus que jamais un rôle d'information et de conseil auprès du roi.*** *(Versailles, musée national du Château)*

LE SYSTÈME ROYAL

Un monarque qui donne, seul, l'impulsion et qui est son propre surintendant, un Conseil rénové et épuré, un chancelier qui scelle les ordonnances mais ne fait pas partie du Conseil d'en haut, des ministres qui travaillent, des secrétaires d'État qui tiennent la correspondance de leur département, telles sont les grandes lignes de la « révolution de 1661 » (la formule est de l'historien Michel Antoine). Tout cela affecte le système royal qui se met alors en place.

LE MÉTIER DE ROI

En l'espace de trois ans, Louis a acquis une grande maturité politique grâce à son expérience quotidienne du pouvoir. Les *Mémoires pour servir à l'instruction du Dauphin* (né en 1661), qu'il compose à partir de 1664, témoignent de son souci de sagesse. À son fils, il recommande la prudence et la modération dans l'exercice de son « métier de roi », qu'il qualifie de « grand et noble ». Un grand roi ne cède pas à ses impulsions, prend conseil, agit avec pondération et maîtrise de soi, car « il est bien plus facile d'obéir à son supérieur que de se commander à soi-même et, quand on peut tout ce que l'on veut, il n'est pas aisé de ne vouloir que ce qu'on doit ».

Louis est convaincu du caractère divin du pouvoir qu'il exerce. Dépositaire de l'autorité sacrée, le roi n'est soumis à aucune autre autorité temporelle. La première conséquence de cette théorie du droit divin est la soumission absolue que les peuples lui doivent. Désobéir est un sacrilège.
Lieutenant de Dieu sur terre, le souverain a le sens inné du bien commun. Son intérêt se confond avec celui de l'État. Il agit comme un père vis-à-vis de ses enfants. En effet, bien que son pouvoir ne soit contrôlé par aucun autre, le roi n'est pas un tyran dans son royaume. Il lui faut en respecter les lois fondamentales, énoncées au Moyen Âge. Bon chrétien, il doit assurer la paix et la tranquillité, protéger les personnes et les biens, soulager la misère, bref ! à tous rendre bonne justice. Le mauvais souverain, lui, doit craindre la sanction divine, la justice immanente, celle que dispense la Providence.

LES DEUX CLANS AU POUVOIR

À côté de ce roi, jeune, timide, inexpérimenté, Colbert fait figure de véritable Premier ministre. Après son double éclat de 1661, Louis n'a pourtant pas rétabli dans les faits ce qu'il avait condamné dans les mots, le « ministériat ». C'est là que

◄ *Michel Le Tellier (1603-1685). Louis XIV, qui appréciait son attachement et son assiduité, lui confia de nombreuses responsabilités.* (*Versailles, musée national du Château*)

Les *Mémoires* de Louis XIV

Les *Mémoires* de Louis XIV, dont on ne saurait mettre en doute l'authenticité, portent sur les année 1661-1662 puis 1666-1668. L'élaboration de cette œuvre collective a été constamment contrôlée par le roi en personne. Colbert a fourni des notes et documents, le roi en a rédigé les premiers brouillons; le président de Périgny, lecteur de la chambre et précepteur du Dauphin, a réécrit le texte. Le roi, aidé de Paul Pellisson, a revu la version finale.

transparaît son exceptionnelle habileté politique. N'ayant ni compétence particulière, ni formation technique pour s'occuper d'affaires parfois fort complexes, il use de trois moyens pour contrebalancer le nécessaire mais envahissant pouvoir de son grand commis : connaître parfaitement ses dossiers, persuader ses conseillers que tout dépend de lui et, surtout, partager sa confiance entre plusieurs « car la jalousie de l'un sert souvent de frein à l'ambition de l'autre ».
Pour faire contrepoids au puissant « lobby Colbert », il élève le clan Le Tellier-Louvois qui, depuis le secrétariat d'État à la Guerre, tient l'administration militaire, investit l'armée, une partie de la diplomatie et la magistrature. Michel Le Tellier est un homme de confiance, jaloux et secret, grand travailleur, mais qui préfère l'ombre à l'éclat. Il reporte tous les espoirs de son clan sur son fils, François-Michel Le Tellier, marquis de Louvois. Louis XIV aura plaisir à former ce jeune homme pressé, ambitieux, autoritaire, au caractère bien affirmé.
Ainsi, ce pouvoir élargit son espace politique et se nourrit de la rivalité des clans. Nul ne peut se vanter d'occuper une position inexpugnable, et le roi gouverne par arbitrage. Après l'âge du ministériat, voici venu celui des clans.

LES ORGANES DU GOUVERNEMENT

En supprimant le ministériat et la surintendance des Finances, la « révolution de 1661 » a restauré la prérogative royale, lui a redonné lustre et puissance. C'était d'ailleurs l'aspiration de l'opinion, mécontente de voir l'autorité légitime exercée par un ministre, simple particulier. Selon Louis XIV, le danger réside dans le despotisme ministériel, totalement illégitime. Aussi est-il plus sage d'éloigner de ces fonctions les princes ou les grands seigneurs titrés, qui souhaitent partager l'autorité. Le monarque avisé choisit ses conseillers et ses ministres parmi des gens compétents et de plus modeste extraction et ne gouverne jamais seul. Il prend la plupart de ses décisions avec l'aide de son Conseil, qui n'a qu'un rôle consultatif mais dont il suit généralement les avis. Celui-ci comprend plusieurs sections. La plus importante est le Conseil d'État (ou « d'en haut »), constitué de trois à sept ministres d'État choisis par le roi. Ce « conseil étroit » traite des grandes affaires du royaume, notamment de la politique étrangère, et se réunit en général trois fois par semaine. Quatre secrétaires d'État, chargés des correspondances, l'assistent, chacun ayant la charge d'un quart de la surface du royaume et d'un département spécialisé : Guerre, Affaires étrangères, Marine et Maison du roi, enfin Religion prétendue réformée.

LES CONSEILS « SPÉCIALISÉS »

La deuxième section est le Conseil royal des finances, que préside le roi : il est composé d'un chef du Conseil et de divers conseillers et assume les pouvoirs du surintendant. Le Conseil des dépêches s'occupe des correspondances avec les provinces, lit les rapports des gouverneurs et des intendants et y répond. Ce Conseil rassemble autour du roi le chancelier, les ministres, les secrétaires d'État et le chef du Conseil royal des finances. Les autres sections sont moins importantes : le Conseil royal du commerce, les Conseils de conscience et des parties, la grande et la petite direction…
La révolution royale de Louis XIV a clarifié la hiérarchie de ces organes et modifié le rôle du chancelier. Ce dernier perd la tutelle administrative des intendants de province, qui est désormais sous la coupe du contrôleur général des Finances. « L'État de justice » s'efface au profit d'un « État de finance ».

Le « lobby » Colbert
Issu d'une riche famille rémoise de négociants et de banquiers, il devient en 1661 intendant des Finances, membre du Conseil d'en haut et du Conseil royal des finances. Il cumule alors les charges : surintendant des Bâtiments royaux, contrôleur général des Finances, académicien, secrétaire d'État à la Marine et à la Maison du roi, grand maître des mines… Il dirige finances, manufactures, commerce, marine, colonies, Maison du roi, arts et lettres et réformes judiciaires. Son clan (ses frères, cousins, amis, créatures) structure l'administration du royaume. Colbert « veut tout pour lui, pour ses parents et son fils ». Dans toute sa famille, on cumule pensions, charges, abbayes et évêchés… Sa fortune est l'une des plus importantes de France. Ses filles épousent des ducs d'ancienne noblesse. Le clientélisme et le patronage font à nouveau leurs preuves pour asseoir son influence.

◀ ***Jean-Baptiste Colbert (1619-1683).*** *Issu d'une riche famille de négociants, il s'impose parmi les conseillers du roi par sa rigueur et ses idées novatrices.* *(Versailles, musée national du Château)*

Visite de Louis XIV à la manufacture royale des Gobelins. ▶ *Les manufactures sont l'un des grands héritages de l'action de Colbert, qui parvient à les développer sous le patronage du roi lui-même.* *(Versailles, musée national du Château)*

L'ŒUVRE DE COLBERT

Loin d'être une tentative de modernisation « bourgeoise » de la France, fondée sur le seul développement du commerce, l'œuvre de Colbert encourage les objectifs de guerre et de gloire du roi. Comme son maître, il sait que la puissance économique n'est qu'un moyen au service de la grandeur. « Grandeur et magnificence ! » avait-il griffonné au bas d'un mémoire où il n'était question que de camelot, de chanvre et de fil de fer ou de laiton ! Tout Colbert est là !

LES FINANCES ROYALES

L'ordre de ses priorités le dit bien : d'abord augmenter les revenus du roi, puis développer la puissance économique du pays. L'amélioration des conditions de vie des sujets viendra de surcroît. La politique financière est déterminée à la fois par le perfectionnement de la fiscalité et par la réduction des dépenses de l'État. À cette fin, le contrôleur général améliore la tenue des registres et des comptes, réduit d'autorité la rémunération des rentes, rembourse les émissions à des cours dépréciés, supprime une multitude d'offices qui pèsent sur le Trésor. S'il l'avait pu, peut-être aurait-il aboli la vénalité des charges. Afin d'accroître les recettes, il poursuit les fraudeurs, récupère les parcelles du domaine royal aliénées dans des conditions douteuses, s'attaque aux « usurpateurs de noblesse » qui sont exonérés de la taille, met en route la constitution d'un cadastre général afin de mieux répartir la taille « réelle », celle qui pèse sur les terres nobles, non sur le statut social de leurs propriétaires. Sensible à la détresse des humbles, il cherche à déplacer le poids de l'impôt direct sur les taxes indirectes qui frappent la circulation et la consommation des biens, afin de fiscaliser les privilégiés. Il rationalise et regroupe en « cinq grosses fermes » les aides, les gabelles, les domaines, les traites et les entrées. Le succès est éclatant. En dix ans, les revenus nets du roi doublent. Pourtant, Colbert n'a ni les moyens ni la volonté de supprimer ce capitalisme fiscal, fondé sur les gens d'affaires et les traitants, qui a si bien réussi au système Fouquet et qu'il a si vigoureusement dénoncé.

LE MERCANTILISME

Sur le plan économique, Colbert n'a rien d'un théoricien. Partageant les conceptions mercantilistes de son temps, il est convaincu que la richesse d'un pays se mesure à son stock d'or et d'argent. Globalement, pense-t-il, cette masse varie

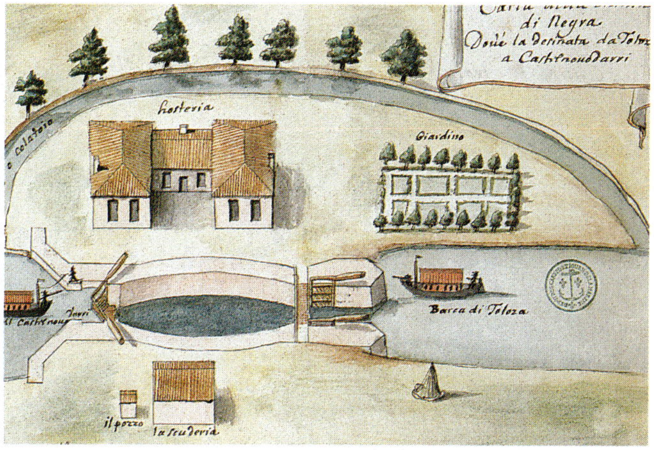

L'écluse du Nègre, ▲ ***à Castelnaudary, sur le canal des Deux-Mers.*** *Le Canal est l'une des réalisations techniques les plus spectaculaires entreprises par ordre de Colbert.*
(Vincennes, service historique de la Marine)

Le canal des Deux-Mers

Parmi les grands travaux réalisés sous le règne de Louis XIV, le canal des Deux-Mers, aujourd'hui connu sous le nom de canal du Midi, est sans aucun doute l'un des plus étonnants. Construit entre 1666 et 1681 par un protégé de Colbert, l'ingénieur Pierre Paul de Riquet, pour relier Toulouse à Sète, et donc, par la Garonne, joindre l'Atlantique à la Méditerranée, il est long de près de 250 km, comporte 20 bassins, étangs et aqueducs, 72 écluses… Cette œuvre de « grandeur », qui flatte le roi et permet de contourner, du moins partiellement, Gibraltar, est financée par l'État, les états du Languedoc et par Riquet lui-même, qui obtient la seigneurie du canal ainsi que la jouissance de la ferme des gabelles en Languedoc et en Roussillon. Le chantier emploiera jusqu'à 12 000 travailleurs.

peu, car une partie de la cargaison des galions venus des Indes occidentales (l'Amérique) se perd dans les bas de laine et la thésaurisation (bijoux, objets d'art ou de culte). Pour accroître la masse monétaire dans le royaume, qui n'a pas de mines d'or ou d'argent, il est capital d'augmenter les exportations et de diminuer les importations. « Le commerce, écrit-il à Colbert de Terron, son cousin, est la source de la finance et la finance, le nerf de la guerre. » Dans son esprit, il n'y a pas d'expansion économique mondiale, et l'essor du royaume ne peut se faire qu'au détriment des autres nations, au prix d'« une guerre économique et commerciale contre tous les États d'Europe », en particulier l'Angleterre et les Provinces-Unies.

LA MISE EN ŒUVRE DU MERCANTILISME

De ces principes généraux découlent la création des manufactures et des compagnies commerciales, destinées à produire des biens de qualité à des prix compétitifs, l'imitation des produits de luxe étrangers, l'amélioration de la productivité, la diminution du nombre des oisifs, des rentiers, des titulaires d'offices, la suppression des douanes intérieures et des péages abusifs, l'unification des poids et des mesures, la restauration des routes, le développement des conquêtes coloniales afin de se procurer à bon compte les matières premières, l'accroissement des tarifs douaniers aux frontières… Colbert passe souvent pour un étatiste parce qu'il a voulu consolider le corset administratif du pays, son arsenal réglementaire et répressif. C'est là une erreur d'appréciation. S'il n'est pas partisan du laisser-faire, il n'est pas non plus un précurseur des utopies socialistes, qui rêvent de transformer la France en une immense caserne manufacturière soumise à la dictature implacable du travail. L'État, selon lui, doit investir dans les grands travaux d'intérêt général tout en stimulant l'initiative des entrepreneurs par des subventions ou des commandes. « La liberté est l'âme du commerce », écrit-il. Jamais il n'a eu l'intention d'embrigader les marchands indépendants, les producteurs ruraux et les ouvriers des faubourgs dans des organismes corporatifs ou des jurandes.

LES GRANDES RÉALISATIONS

Sous son impulsion, les voies de communication sont remises en état et de grands travaux sont entrepris. Les manufactures connaissent un essor remarquable : les Gobelins, à Paris, qui produisent mobilier, serrures et tapisseries pour les résidences

La Reynie, lieutenant général de police

En mars 1667, une lieutenance générale de police est créée et confiée à un maître des requêtes, Gabriel Nicolas de La Reynie, qui exercera sa charge pendant trente ans. Placées sous la tutelle de Colbert, ses attributions sont vastes : propreté des rues, incendies, inondations, approvisionnement, commerce, poids et mesures, contrôle des hôtelleries, auberges et cabarets, police des spectacles et des corps de métiers. La Reynie détruit la trop célèbre « cour des miracles », repaire des truands et des coupeurs de bourse, décide l'éclairage et le pavage des rues et des quais. Grâce à sa persévérance, Paris sort du Moyen Âge et prend une physionomie nouvelle… Sa charge comporte aussi un aspect répressif : il fait enfermer les mendiants à l'hôpital général, surveille les maisons de jeu, les comédiens, les filles publiques, les religionnaires, pourchasse libellistes et imprimeurs clandestins… *(Ci-contre,* Nicolas de La Reynie, *Versailles, musée national du Château)*

***Le port de La Ciotat en 1664.** La Ciotat et Marseille bénéficient directement de l'augmentation des échanges commerciaux et coloniaux, et s'agrandissent à cette époque.* ▶
(Paris, musée de la Marine)

royales ; Saint-Gobain, Van Robais à Abbeville et Hinard à Beauvais. Il en existe quantité d'autres : des manufactures de fer-blanc, de tricot, de drap, de futaine, de poudres, de mèches, d'ancres, sans compter les moulins, les scieries, les tanneries, les fonderies… Le roi leur accorde subventions, privilèges et monopoles. Colbert pratique d'ailleurs l'espionnage industriel et le débauchage. Il fait venir des souffleurs de Murano, des tisserands des Pays-Bas, des dentellières des Flandres, des orfèvres d'Allemagne, des métallurgistes de Suède…
Une réglementation stricte, appliquée par des inspecteurs, fixe les conditions de fabrication et de production. La qualité des produits prime sur tout le reste. Pour réduire les importations, on élève les tarifs douaniers. Une bonne partie de la cargaison des vaisseaux anglais et hollandais – étain, cire, huile, tissus, savon, bonneterie… – est ainsi taxée.
Les succès sont indéniables, en particulier dans les entreprises vivant des commandes de l'État, mais ce mercantilisme connaît bien des déboires, dans le textile notamment. Au fond, le ministre ne parvient pas à réformer les mentalités et à détourner les riches de leur attirance pour la rente et l'office. Malgré ses encouragements, la noblesse ne se lance pas dans les affaires.

LA MER ET L'OUTRE-MER

Dans la droite ligne de la politique de Richelieu, Colbert crée de grandes compagnies maritimes à monopole, placées sous le patronage royal : la Compagnie des Indes occidentales, celle des Indes orientales (1664), du Nord (1669), du Levant (1670), du Sénégal (1673). Associant capitaux privés et fonds publics, elles bénéficient d'exemptions fiscales.
Les résultats sont loin d'être à la hauteur des ambitions. Les exportations françaises pâtissent de la guerre des tarifs et des mesures de rétorsion prises par les Hollandais. Au contraire de leurs puissants homologues anglais ou néerlandais, les compagnies françaises restent trop peu capitalisées et sous-équipées. Le développement de la flotte ne suit pas le même rythme. En dépit des efforts de Colbert, le retard s'aggrave. Si les entreprises d'outre-mer connaissent quelques succès, comme l'œuvre de l'intendant Talon en Nouvelle-France, la fondation de la Louisiane, l'exploration de la baie d'Hudson et du Mississippi, l'ancrage colonial reste très limité.

LES GRANDES ORDONNANCES

Esprit froid et logique, épris de rationalité, passionné de centralisation, Colbert n'a de cesse de débarrasser le pays de la prolifération anarchique de ses règlements, de ses antiques coutumes, de ses privilèges stérilisants. Il voudrait réduire « tout le royaume sous une même loi, même mesure et même poids… » De minutieuses enquêtes sur le terrain précèdent chacune de ses décisions. Les intendants de généralités lui envoient des mémoires détaillés sur l'économie et la société. Aidé de son oncle, le juriste Henri Pussort, il travaille à la codification des ordonnances et textes

judiciaires : s'élabore alors la grande « réformation » de la procédure civile (code Louis, 1667) et criminelle (1670), des eaux et forêts (1669), du commerce (code Savary, 1673), de la navigation marchande (1681). Le « code noir », qui légitime le servage, ne sera promulgué qu'après sa mort, mais il en est le véritable auteur.

LA MAXIME DE L'ORDRE

L'époque de Colbert correspond à la remise au pas de la société, déjà entreprise par Mazarin. Les parlements, en perdant le droit de s'intituler cours souveraines – il n'y a qu'un seul souverain ! –, voient leur droit de remontrance limité. Les justices seigneuriales déclinent. Des juridictions spéciales, tels les Grands Jours d'Auvergne, débarrassent le pays des petits potentats locaux qui font régner la terreur.

Les gouverneurs de province, nommés par commission de trois ans renouvelables, se font peu à peu plus dociles et leurs prérogatives deviennent honorifiques. Les intendants voient leur pouvoir s'étendre. Paris, ville remuante de 500 000 âmes, a causé dans le passé bien des désordres. Les mendiants, truands, fripons, laquais et soldats déserteurs, organisés en bandes, y règnent en maîtres à la tombée de la nuit. Colbert, qui, comme secrétaire de la Maison du roi, est responsable de la police dans la capitale, confie à La Reynie, son protégé, le soin d'y rétablir la sécurité. Son œuvre est une réussite.

LE COMPROMIS ROYAL

Il est important de comprendre que Colbert n'incarne qu'un des aspects de la politique royale, celui de centralisateur, de niveleur. Louis XIV est contraint de faire preuve de nuance, de modération, courant ainsi le risque de retarder la modernisation du royaume. Il doit bonne justice à ses peuples ; il s'est lui-même engagé auprès de certaines provinces à respecter les franchises locales. Mais il lui faut réguler avant tout les tensions sociales et les grands équilibres politiques de cette complexe société de corps. C'est ce qui explique certaines de ses lenteurs ou de ses réticences. La monarchie administrative ne s'est pas déployée d'un seul mouvement. Elle a rencontré des résistances, opéré des reculs stratégiques, accepté des compromis, même avec les compagnies d'officiers. Ces hésitations apparentes expliquent précisément la rapidité avec laquelle le pouvoir central, en dépit de sa faible structure – 700 à 800 personnes, ministres, conseillers d'État, intendants et subdélégués compris –, est parvenu à faire triompher la maxime de l'ordre. En quelques années, avec des moyens extrêmement réduits, que ce soit en agents d'exécution ou en forces de coercition – la gendarmerie est quasi inexistante –, Louis a imposé cette « réduction à l'obéissance ». Pour ce faire, il a dû s'appuyer sur les clans ministériels, qui plongent leurs ramifications dans les lointaines provinces, et associer au capitalisme fiscal les élites nobiliaires et bourgeoises des villes. Les oligarchies régionales profitent très largement du système. Il n'est que de voir les magnifiques hôtels particuliers qui se construisent alors dans toutes les grandes villes de France.

Les Grands Jours d'Auvergne

En Auvergne, une partie de la noblesse rançonne les villageois et les paysans, opprime ses vassaux, se livre à des trafics de toutes sortes. La justice locale est corrompue et impuissante. Pour protéger les humbles de « l'insolence des puissants », le roi institue une juridiction extraordinaire, les Grands Jours d'Auvergne, à Clermont (de septembre 1665 à janvier 1666). Le président, les seize juges, le procureur et le garde des Sceaux sont des commissaires royaux. Instruisant 1 360 affaires, ils prononcent 692 condamnations, dont 347 sentences de mort. Vingt-trois seulement sont exécutées, car les inculpés se sont enfuis dans les montagnes. Cependant, le but de l'entreprise est atteint : l'ordre est rétabli. Un témoin, le père Esprit Fléchier, a laissé de ces événements un récit clair et de grande qualité, les *Mémoires sur les Grands Jours d'Auvergne*, publiés en 1844. Une opération du même type est lancée dans le Velay et les Cévennes, à la demande des états du Languedoc (1666-1667).

(*Ci-contre,* Les Grands Jours d'Auvergne, *Paris, B.N.F.*)

Paris sous Louis XIV

Bien qu'il délaisse la capitale à partir de 1672, Louis XIV se montre soucieux de laisser des monuments qui illustrent le style architectural classique. Aucun projet d'ensemble n'est mis en œuvre, mais les monuments qui voient alors le jour portent clairement sa marque.

LE PROJET DU BERNIN POUR LE LOUVRE. *Lorsque Colbert prend, en 1664, la surintendance des Bâtiments, son premier souci concerne l'achèvement des travaux du Louvre, confiés à Le Vau depuis 1660. Préférant s'adresser au Bernin, il lui demande un projet, bientôt retenu par le Conseil du roi. Si les travaux ont effectivement été commencés, ils sont abandonnés dès 1667 et confiés à Perrault. (Paris, musée du Louvre)*

LA PLACE DES VICTOIRES. *Au contraire des places baroques (places des Vosges, Dauphine…), cette œuvre de Hardouin-Mansart est circulaire. Entourée de maisons aux façades classiques (pilastres ioniques, fenêtres à entablement…), elle était destinée par son commanditaire, le duc de La Feuillade, à recevoir la statue monumentale de Desjardins (aujourd'hui disparue) à la gloire du roi. Elle est achevée en 1690.*

LE GRAND CARROUSEL DE 1662. *Le carrousel des Tuileries, à l'occasion de la naissance du Dauphin, donne lieu à un ballet équestre et à des défilés somptueux dans les rues de Paris, auxquels le roi prend part. Plus de 15 000 personnes y assistent. (Versailles, musée national du Château)*

LA COLONNADE DU LOUVRE. *Le plan retenu pour la façade est du Louvre est conçu par Claude Perrault. La magnificence qui s'en dégage plaît d'emblée au roi : les travaux sont menés de 1667 à 1670, et le fronton est achevé en 1674. Cette colonnade illustre dans toute sa splendeur le style Louis XIV : un classicisme inspiré de l'Antiquité et reposant sur la rigueur et la monumentalité. À travers cet édifice, comme à travers Versailles, le roi rompt définitivement avec le goût baroque.*

MÉDAILLE GRAVÉE LORS DU DÉCRET ORDONNANT L'ÉCLAIRAGE DE PARIS (1669).
C'est Nicolas de La Reynie, lieutenant général de police, qui est à l'origine de cette initiative. Elle a pour objet d'augmenter la sécurité dans les rues de Paris et constitue une innovation audacieuse par son ampleur. (Paris, B.N.F.)

MÉDAILLE DE PARIS.
Une figure représentant Paris est assise entre les deux nouveaux arcs de triomphe, les portes Saint-Denis (1672) et Saint-Martin (1674), qui, ornées de bas-reliefs relatant différents épisodes de la guerre de Dévolution, inscrivent dans la pierre les victoires royales. (Paris, B.N.F.)

◀ ***Le carrousel de 1662.*** *Organisé à Paris pour célébrer la naissance du Dauphin, il donne l'occasion au roi, par le faste qu'il met en scène, d'affirmer sa grandeur à travers des allégories et des devises.* *(Versailles, bibliothèque municipale)*

Louis XIV en Apollon conduisant le char du Soleil. ▶ *De très nombreuses œuvres de propagande recourent à l'allégorie pour exalter la gloire du roi. Cela devient l'une des fonctions principales des lettres et des arts.* *(Versailles, musée national du Château)*

PROPAGANDE ET MÉCÉNAT

Vis-à-vis du monde des arts et des lettres, Louis XIV reprend en l'amplifiant la politique de Richelieu. Il récupère la brillante équipe de Fouquet et étend son mécénat à une multitude d'autres artistes. Toutefois, il n'est pas seulement le « nouvel Auguste », l'amateur éclairé, fin connaisseur et grand découvreur de talents. Derrière cette politique se dissimule une évidente volonté de propagande.

LE MÉCÉNAT

Il s'agit de proclamer partout et toujours les louanges du roi et de l'État royal sous toutes ses formes. Louis XIV manifeste une passion pour l'architecture et les jardins. L'idée que ces monuments durables peuvent refléter la grandeur royale le pousse à s'intéresser à leur élaboration. En novembre 1662, décrivant à Colbert les moyens de « répandre et de maintenir la gloire de Sa Majesté », le vieux poète Jean Chapelain cite « les pyramides, les colonnes, les statues équestres, les colosses, les arcs triomphaux, les bustes de marbre et de bronze, les basses-tailles, les tapisseries, les peintures à fresque et estampes au burin ». À cette liste il convient d'ajouter les almanachs royaux, les panégyriques, les poèmes et les médailles.

Ainsi se construit un véritable système de l'éloge organisé, ne tolérant aucune dissidence, et dont l'objet est de créer et d'entretenir le mythe du Roi-Soleil, l'Apollon généreux, le Mars vainqueur, l'Hercule gaulois, le nouveau Saint Louis. Le plus étonnant est que ce carcan n'empêche ni la richesse, ni la vitalité de l'art français, ni sa liberté de création.

GRATIFICATIONS ET FIDÉLITÉS

Cette politique de mécénat suppose également que le roi ait à sa disposition une troupe de poètes et d'écrivains fidèles, qui mettent leur art au service de la gloire du monarque. C'est par des gratifications faites aux plus grands hommes de lettres de son temps que Louis XIV parvient à ses fins. Chaque année, une liste dressée par Chapelain et Perrault comprend de 60 à 80 noms. Les savants étrangers sont les mieux traités : Cassini et Huygens, par exemple, reçoivent respectivement 9 000 et 6 000 livres. L'historien Eudes de Mézeray perçoit 4 000 livres, Corneille, 2 000, Quinault et Perrault, 1 500 livres chacun, Molière et Boileau, 1 000 livres… Les montants varient selon que le titulaire est ou non en bonne grâce. Mézeray, qui critique le poids de la

◀ ***Buste de Louis XIV par le Bernin.*** *Le roi parvient à attirer en France le prestigieux artiste italien et le comble de bienfaits. Mais le refus que connaît son projet pour le Louvre décide de son départ au bout d'un an.* *(Versailles, musée national du Château)*

La devise du roi

La devise *Nec pluribus impar* signifie, littéralement, « il n'est pas inégal à plusieurs » (ou à des tâches plus nombreuses). Douvrier, son auteur, a voulu dire par là que, comme le soleil peut éclairer d'autres mondes, le roi est capable de gouverner plusieurs empires en même temps. *(Ci-contre, la médaille du roi, Paris, B.N.F.)*

fiscalité, voit sa pension réduite de moitié, Boileau est rayé de la liste pour avoir brocardé Chapelain. La Fontaine, fidèle à Fouquet, n'a rien. Ce mécénat royal doit cependant être nuancé. Le total des pensions en 1664 atteint 77 500 livres, à peine plus de la moitié de celles accordées au prince de Condé ou à Mme de Montespan pour élever ses bâtards royaux. Et les fonds alloués n'iront qu'en diminuant…

LES ACADÉMIES

En 1663, Colbert forme autour de lui la « Petite Académie », qui deviendra en 1701 l'Académie des inscriptions et belles-lettres. Elle rassemble, au commencement, Jean Chapelain, François Charpentier, Amable de Bourzeis et l'abbé Jacques Cassagne. Sa mission est de sélectionner les inscriptions et devises des monuments royaux ainsi que les légendes des tapisseries et médailles. «Vous pouvez, messieurs, leur déclare Louis XIV, juger de l'estime que je fais de vous, puisque je vous confie la chose du monde qui m'est la plus précieuse, ma gloire. » La Petite Académie mettra en chantier quatre « histoires métalliques », vantant, au moyen de médailles, les hauts faits du règne – victoires militaires, voyages royaux, érections de monuments… Son autorité s'étendra aussi bien à la numismatique qu'à la peinture, la sculpture, la gravure, la musique, la danse, l'opéra, l'éloquence, l'architecture, la tapisserie. Elle devient une sorte de ministère de la Culture et de la Propagande, régissant et censurant l'art en France. Parallèlement est créé un réseau d'académies royales afin de contrôler le monde scientifique, littéraire et artistique : ce sont les académies des sciences, de danse, de musique, de peinture et de sculpture. À la mort du chancelier Séguier, Louis XIV prend l'Académie française, créée en 1634, sous sa protection. Il pensionne les principaux artistes et savants, en fonction de leur zèle, y compris certains étrangers, que l'on voit soudain faire le panégyrique du roi de France. Il importe, écrit Jean Chapelain « pour l'honneur de Sa Majesté, que son éloge paraisse fait volontairement, et pour paraître volontaire, il faut qu'il soit imprimé hors de ses États ». Le roi, rappelle-t-il, « est généreux, mais il sait ce qu'il fait et ne veut point passer pour dupe… ».

BALLETS ET CARROUSELS

Le jeune roi mettant en scène l'aristocratie soumise au pouvoir du monarque, tel est le sens du carrousel qui a lieu à Paris, dans la cour des Tuileries, les 5 et 6 juin 1662, devant près de quinze mille spectateurs. Répartis en quatre quadrilles ou « nations », les jeunes seigneurs portent des écus sur lesquels figurent des scènes symboliques et des devises illustrant leur soumission ou leur admiration : *Uni militat astro*

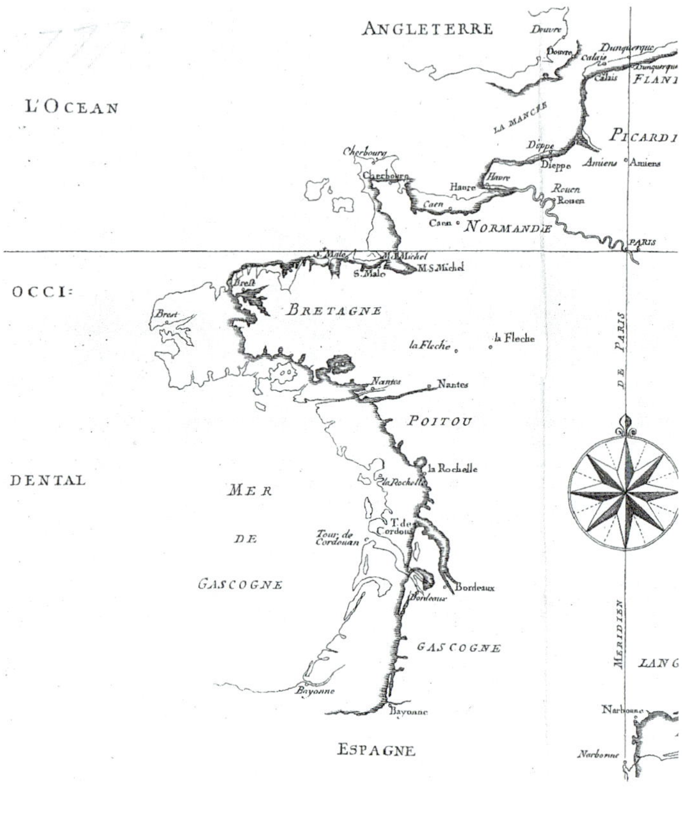

◀ *« Carte de France corrigée sur les observations de l'Académie des sciences ».* Les travaux de l'Académie permettent une connaissance plus approfondie du royaume. (Paris, B.N.F.)

▲ ***Colbert présente au roi les membres de l'Académie des sciences.*** *Les sciences participant à la grandeur royale et à celle du royaume, elles sont placées sous le patronage direct du roi.* (Versailles, musée national du Château)

(Il combat pour un seul astre), *Respice florebo* (Regarde-moi, je refleurirai)... Tout tourne autour du roi-gentilhomme qui, vêtu en empereur romain, élabore un nouveau système politique où les grands deviennent ses clients et ses obligés. C'est à la même époque que le thème solaire prend toute son ampleur et que Louis XIV adopte pour devise le fameux *Nec pluribus impar*, si difficile à traduire. Le père Ménestrier, jésuite et héraldiste réputé, apparaît alors comme le grand théoricien des pompes et des fêtes baroques, dont il détermine le code emblématique. Un monde nouveau se met en place.

LE ROI ET LES SCIENCES

En France, la principale activité scientifique est consacrée à l'astronomie. C'est grâce à la contribution de savants étrangers, très largement soutenus par le mécénat royal, que le royaume

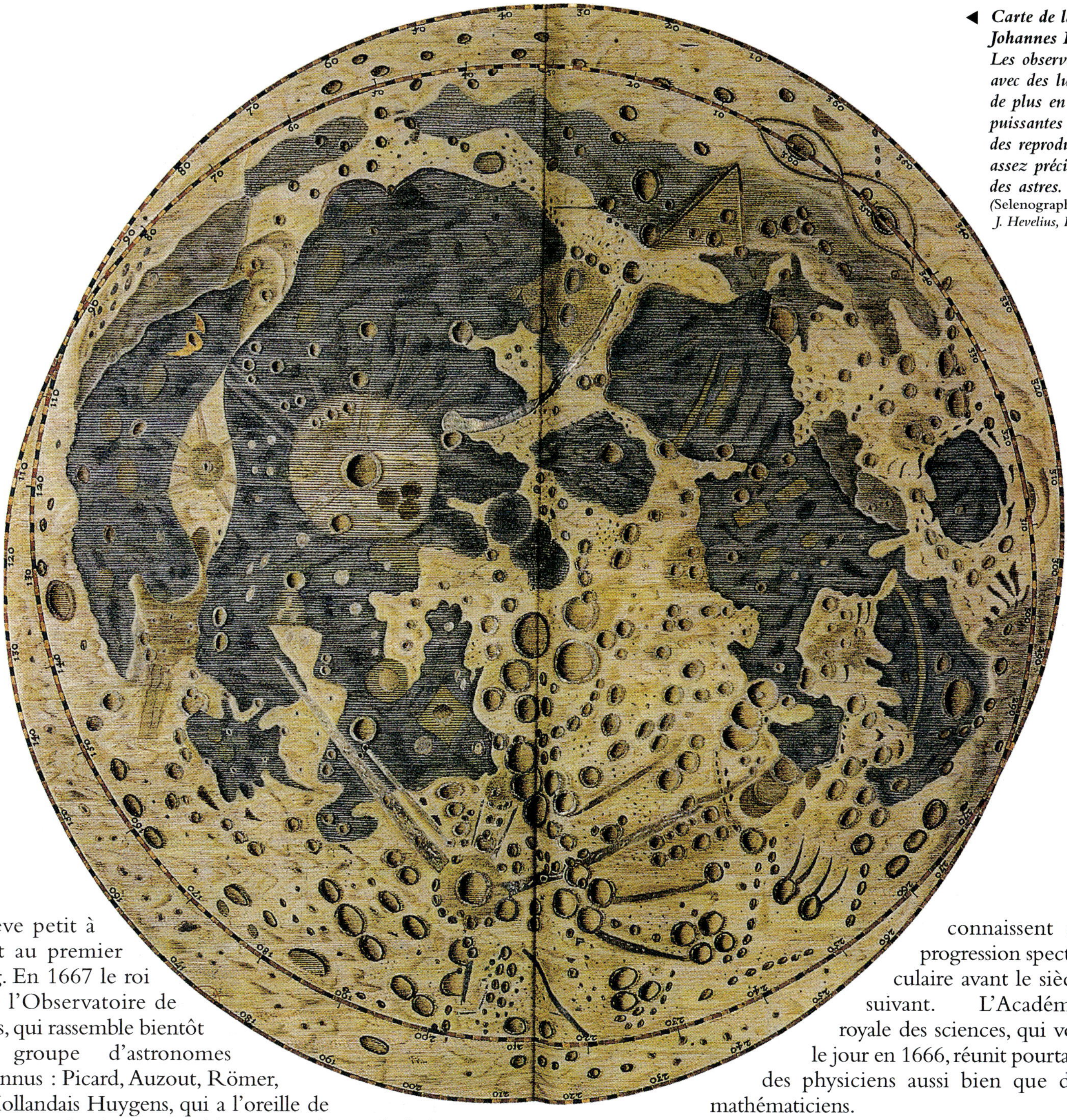

◄ ***Carte de la Lune, de Johannes Hevelius.*** *Les observations avec des lunettes de plus en plus puissantes permettent des reproductions assez précises des astres.* (*Selenographia, de J. Hevelius, Paris, B.N.F.*)

s'élève petit à petit au premier rang. En 1667 le roi crée l'Observatoire de Paris, qui rassemble bientôt un groupe d'astronomes reconnus : Picard, Auzout, Römer, le Hollandais Huygens, qui a l'oreille de Colbert, et Cassini. Les notables progrès des outils d'observation (lentilles et lunettes, en particulier) permettent d'ailleurs à Cassini de découvrir quatre nouveaux satellites de Saturne et d'étudier le mouvement de ceux de Jupiter. Huygens, lui, étudie la dynamique des corps solides et la théorie mathématique du pendule, fondant ainsi la mécanique rationnelle qui donnera naissance à la loi de la gravitation. Mais, ni la chimie, ni la botanique, ni l'anatomie, ni la médecine ne connaissent de progression spectaculaire avant le siècle suivant. L'Académie royale des sciences, qui voit le jour en 1666, réunit pourtant des physiciens aussi bien que des mathématiciens.

Mais la conception d'une « philosophie », capable d'expliquer toute chose parce qu'elle ne dissocie pas les différentes sciences, entrave leur progression ; chacune, de plus en plus, adopte bientôt la méthode d'investigation cartésienne. Cette dernière est d'ailleurs largement critiquée par un public de moins en moins apte à appréhender des découvertes scientifiques devenues trop complexes et éloignées de ses préoccupations. Le fossé se creuse entre public et savants.

◀ ***Marie-Thérèse d'Autriche en costume à la polonaise.*** *Gauche et timide, la reine adore son époux qui ne le lui rend guère. Elle demeure très effacée à la Cour, restant volontiers avec sa suite dans ses appartements.* *(Versailles, musée national du Château)*

La Famille royale dans l'Olympe, ▶ ***par Jean Nocret.*** *Louis XIV, conscient de l'importance de la lignée, fait montre d'un grand sens de la famille.* *(Versailles, musée national du Château)*

LE CŒUR D'UN ROI

Point de mire de toute la Cour, le roi, jeune, beau, majestueux, fait naturellement l'objet de toutes les convoitises féminines. On attaque « le cœur d'un prince comme une place », dit-il. Toutefois, Louis, malgré sa réserve naturelle envers les femmes, n'a pas le tempérament d'un assiégé ! Doué d'une attirance pour le beau sexe comme son aïeul Henri IV, il n'est pas long à prendre l'initiative.

LA REINE MARIE-THÉRÈSE

Très vite, il apparaît que l'épouse du roi, Marie-Thérèse d'Autriche, ne parvient ni à s'adapter à la cour de France ni, ce qui est plus grave, à y tenir son rang. Sans doute l'austère éducation et la rigide étiquette de la cour madrilène ont-elles trop marqué sa jeunesse. À son arrivée en France, c'est à peine si elle en parle la langue ! Elle est surtout timide, repliée sur elle-même, peu accoutumée à la contraignante vie de représentation. Douce, vertueuse, un peu mesquine et boudeuse, elle passe la plupart de son temps confinée dans ses appartements en compagnie de ses femmes de chambre, de ses dames d'honneur espagnoles et de ses petits chiens. Une grande piété l'anime, assurément. Avant son mariage, elle a reçu l'habit du tiers ordre de Saint-François. Elle visite les pauvres et les malades, protège et pensionne de nombreux couvents. À son mari, pour qui elle témoigne une passion exclusive, elle donne six enfants, dont cinq meurent en bas âge. Un seul survit, Louis de France, dit le Grand Dauphin, qui naît le 1er novembre 1661 et meurt le 14 avril 1711, avant son père. Louis XIV remplit son devoir conjugal, mais il cherche aussi ailleurs de plus piquantes compagnies…

LA COQUETTE HENRIETTE

Henriette d'Angleterre, sa cousine et belle-sœur, est la fille de Charles Ier d'Angleterre, et elle vient d'épouser le frère de Louis, Philippe d'Orléans. Elle n'est point d'une parfaite beauté, mais c'est la grâce personnifiée. À Fontainebleau, au cours de l'été de 1661, le roi, jeune dieu triomphant, tombe amoureux de cette pâle Ophélie de seize ans, aux étranges sortilèges et aux coquettes roueries, et se livre avec elle au jeu dangereux de la séduction.
Mais à la Cour, tout se sait. On jase derrière les éventails. La reine s'émeut. Monsieur, qui n'a pourtant guère de leçons de morale à donner, avec son parterre de mignons aguicheurs,

enfants de France, qu'il accuse d'être l'entremetteuse. Le roi fait conduire le trublion à la prison de For-l'Évêque, puis l'exile dans ses terres. Lorsqu'il arrive au château familial de Bonnefont, près d'Auch, Montespan demande que l'on ouvre la grande porte, car, explique-t-il, « ses cornes sont trop hautes pour passer sous la petite ». Puis, il convoque sa domesticité et lui annonce le décès de son épouse bien-aimée. À sa mémoire, il fait célébrer solennellement des funérailles dans sa chapelle, ce qui ne l'empêche pas, quelques jours plus tard, de fixer des cornes de cerf à son carrosse…

UNE ISSUE SOUHAITÉE

Cyniquement, Louvois ne manque pas de recommander à l'intendant du Roussillon de prendre toutes les mesures nécessaires pour faire condamner l'importun et ruiner sa compagnie « de manière qu'on le puisse casser avec apparence de justice ». En avril 1674, Mme de Montespan obtient du Châtelet une sentence de séparation de biens… Le marquis mourra en 1702, protestant dans son testament de « toute l'amitié et la tendresse très sincère » qu'il avait conservées

pour e
descen
marqu
1736),
surinte

En mai
été cré
C'est
Louise,
désinté
défaite.
connaît
rebuffa
arrive p
Mme de
vince, le
reine et

Louise de ▶ La Vallière. Âgée de dix-sept ans au début de sa liaison avec le roi, elle est belle et pleine de charme, danse et monte à cheval admirablement.
(*Versailles, musée Lambinet*)

La mort d'Anne d'Autriche

Le 20 janvier 1666, Anne d'Autriche meurt à 64 ans des suites d'un cancer du sein. Elle a connu des mois d'atroces souffrances. Pour tenter de cautériser sa plaie, on a utilisé de la chaux vive ! Louis pleure sincèrement cette mère tendre et dévouée, qui s'est tant battue pour lui garder son trône ; avec elle disparaissent les dernières barrières morales qui le retenaient de s'afficher ouvertement avec sa maîtresse. « Ce fut une de nos plus grandes reines », soupire un courtisan lors de ses obsèques. « Non, rectifie son fils aîné, un de nos plus grands rois ! »

s'indigne de ces promenades à cheval dans la forêt, avec la jeunesse de la Cour, ivre de plaisirs, couverte de plumes et de beaux habits, de ces parties sur le canal, de ces bains de minuit dans la Seine. Soucieux d'éviter le scandale, les deux amoureux décident d'avoir recours à un « chandelier » : afin de détourner l'attention, le roi feindra de courtiser une des demoiselles d'honneur de Madame, une certaine La Vallière…

LOUISE DE LA VALLIÈRE

Louise de La Baume le Blanc, demoiselle de La Vallière, fille d'un valeureux militaire, est une jeune Tourangelle récemment arrivée à la Cour, belle et attirante par sa candeur, sa spontanéité, son corps souple et élancé, ses yeux bleus et ses cheveux blonds. Une fleur d'innocence ! Malgré une légère claudication, c'est une remarquable et infatigable cavalière, une Diane chasseresse, dans la splendeur de ses dix-sept ans. Tel est pris qui croyait prendre ! Louis tombe amoureux de son « chandelier », qui l'aimait en secret. Bien vite, tous deux brûlent les étapes de la carte du Tendre et deviennent amants. À ce moment, les principes religieux du roi se relâchent. Il ne s'approche plus des sacrements. À son frère, Monsieur, qui lui en fait le reproche, il répond « qu'il ne fait pas l'hypocrite comme lui, qui va à confesse parce que la reine mère le veut ». Plutôt que d'écouter Bossuet et les orateurs sacrés qui tonnent contre l'impureté, il préfère applaudir *Tartuffe* et soutenir Molière dans sa querelle contre les dévots. Cependant, jusqu'à la mort de sa mère en 1666, il s'efforce de cacher sa passion adultère, même si nul à la Cour ne l'ignore, la reine comprise. Louise de La Vallière, qui aura quatre enfants du roi, dont deux morts en bas âge, cache de son mieux ses grossesses, non sans embarras.

LE « ROI SUR LES TOITS »

Au cours de l'été de 1662, une intrigue menée par la comtesse de Soissons vise à susciter une rivale à Mlle de La Vallière en la personne d'une fille d'honneur de la reine, Anne-Lucie de La Mothe-Houdancourt, piquante blonde qui traîne déjà derrière son char un cortège d'admirateurs éperdus. Louis, pendant un moment, se laisse prendre au piège et redouble d'empressement auprès de cette coquette, qui le fait languir. Un soir, au Château-Neuf de Saint-Germain, le cœur frémissant d'une passion insatisfaite, déjouant la surveillance de la duchesse de Navailles, dame d'honneur de la reine, il grimpe au dernier étage, avec un ou deux compagnons de bonne fortune comme Saint-Aignan et Lauzun. Là, par un trou percé dans la cloison de la chambre des filles, il parvient à susurrer des mots tendres à cette cruelle. Le lendemain, en grand secret, Mme de Navailles, qui a appris que des « hommes de bonne mine » se sont hasardés nuitamment sur les gouttières et les cheminées, fait garnir de barreaux les fenêtres de la chambre en question. Le surlendemain, elle a la surprise de retrouver les grilles descellées dans la cour. Et Louis XIV, un petit sourire narquois aux lèvres, moque la gouvernante sur les « esprits » qui ont opéré si secrètement…

◀ *Françoise Athénaïs, marquise de Montespan (1640-1707). La beauté et l'esprit vif de la capricieuse marquise de Montespan conquièrent d'emblée le roi. Elle lui donnera huit enfants, dont six survivront et seront légitimés.* *(Florence, Galerie Palatine)*

Le château
Construit p
Hardouin-
Mme de M
était tout p
teau de Ver
(Versailles, mu
du Château)

LA ROYALE MONTESPAN

Aux premières feuilles mortes de 1666, la passion du roi pour Louise de La Vallière diminue. Il semble las de cette jeune maîtresse à la tendresse trop languissante. Quelqu'un d'autre a touché son cœur, une femme mariée cette fois, Françoise (dite Athénaïs) de Rochechouart de Mortemart, marquise de Montespan. Une éclatante beauté de vingt-six ans, qui surpasse La Vallière et les autres femmes de la Cour. Ce qui fait son charme, ce ne sont pas seulement ses cheveux blonds, son regard d'azur, sa bouche délicate et son nez aquilin, ni son joli corps, délicatement potelé, ni son port de déesse, mais aussi et surtout son esprit, plein de saillies malicieuses, de reparties vives et cruelles, le fameux esprit des Mortemart. Cependant, Athénaïs n'est pas une gourgandine. Elle a de la religion et des scrupules. Elle est droite et honnête.
Néanmoins, saurait-on résister indéfiniment au plus grand roi de la terre? En mai 1667, tandis que Louis à la tête de ses armées a entrepris la conquête des Pays-Bas espagnols, cédant, à Avesnes, à ce Mars impérieux, elle s'abandonne avec lui aux ivresses de Cythère. De leur liaison qui commence alors, chacun sort transformé : le roi quitte sa chrysalide de jeune homme timide et gauche ; Athénaïs, quant à elle, de

Les bâtards du roi

Les enfants nés des amours du roi avec Mlle de La Vallière et Mme de Montespan connaissent des destinées prestigieuses. Le roi, qui prend grand soin de leur éducation à la Cour, crée pour eux un « rang intermédiaire », les plaçant au-dessus de la haute noblesse. Il tentera aussi de leur faire accorder les mêmes droits successoraux qu'aux princes du sang.

MADEMOISELLE DE BLOIS (1666-1739) ET LE COMTE DE VERMANDOIS (1667-1683). *Ce sont les seuls survivants des quatre enfants du roi et de Mlle de La Vallière. Ils sont tous deux légitimés. À sept ans, Mlle de Blois fait son entrée dans le monde, vêtue de velours noir et arborant des diamants. Elle épousera le prince de Conti. Vermandois sera fait amiral de France ; mais sa mort prématurée, à l'âge de seize ans, renforce l'intérêt du roi pour les enfants naturels de Mme de Montespan. (Rennes, musée des Beaux-Arts)*

FRANÇOISE-MARIE DE BOURBON (1677-1749). *Cette fille de Mme de Montespan naît à Maintenon en 1677, terre que sa gouvernante avait acquise deux ans auparavant. Elle épouse, en 1692, Philippe d'Orléans, duc de Chartres, futur Régent, fils de Monsieur et de la princesse Palatine, à la grande fureur de cette dernière. Lorsque sa demi-sœur, fille de Mlle de La Vallière, se marie, elle reçoit à sa suite le titre de Mlle de Blois. (Paris, musée du Louvre)*

MADEMOISELLE DE TOURS (1674-1681). *Quatrième enfant naturel du roi et de Mme de Montespan, elle naît en 1674 mais meurt à l'âge de sept ans. (Versailles, musée national du Château)*

LE COMTE DE VEXIN (1672-1683). *Fils cadet de Mme de Montespan, il vit avec le duc du Maine, loin de la Cour, sous la surveillance de Mme Scarron, dans une maison de la rue de Vaugirard à Paris. Mais quelque mois après sa naissance, en 1672, le roi fait déménager les enfants et leur gouvernante dans un château proche de Lagny, avant de leur donner officiellement un appartement à Versailles, dès 1673. (Versailles, musée national du Château)*

LE COMTE DE TOULOUSE *(1678-1737). Ce fils de Mme de Montespan et du roi reçoit la charge d'amiral de France après la mort de son demi-frère le comte de Vermandois. Il assume cette fonction avec sérieux, prenant même le commandement de l'armée navale en 1704. Contrairement à son frère et à ses sœurs, mariés à des princes du sang, il épouse la fille du duc de Noailles, Marie-Sophie-Victoire. (Chantilly, musée Condé)*

LE DUC DU MAINE (1670-1736). *Premier enfant de Louis XIV et de Mme de Montespan à avoir survécu, il est de santé fragile et boiteux. Il reçoit néanmoins des fonctions importantes : colonel général des suisses en 1674, grand maître de l'artillerie en 1694… et épouse la petite-fille du Grand Condé. Sa gouvernante, Mme de Maintenon, lui reste très attachée. (Versailles, musée national du Château)*

MADEMOISELLE DE NANTES *(1673-1743). Représentée au côté de sa sœur Mlle de Blois, Mlle de Nantes (à droite), est la première des filles de Mme de Montespan et du roi. Elle épouse le prince de Condé à l'âge de douze ans, inaugurant ainsi la série des alliances princières que feront les bâtards royaux légitimés. (Versailles, musée national du Château)*

Les plans en relief

Dans la lignée d'une tradition de plans en relief inaugurée dès le XVIe siècle, Louis XIV charge Louvois de faire réaliser une série de maquettes des places défensives de la « ceinture de fer ». Leur clarté, support capital de la stratégie militaire de l'époque, permet de connaître, de Versailles, l'état des fortifications assurant la sécurité des frontières.

MONTMÉLIAN (SAVOIE). *Les plans en relief restituent fidèlement chaque détail des places, allant, comme ici, jusqu'à représenter les maisons détruites après le passage des troupes et tous les détails du relief, essentiels dans la menée d'une éventuelle guerre de siège. (Paris, musée de l'Armée)*

EMBRUN (HAUTES-ALPES). *Ce plan, réalisé au début de la guerre de Succession d'Espagne, présentait au roi l'état des défenses aux frontières. Les maquettes figurent aussi la campagne environnante dans la limite des portées de tirs d'artillerie, permettant ainsi de préparer les opérations de siège et d'ordonner les améliorations nécessaires aux fortifications. (Paris, musée de l'Armée)*

BESANÇON (DOUBS). *Le plan en relief repésente l'ensemble de la ville, avec l'arc de triomphe érigé en l'honneur de Louis XIV et toutes les construction civiles, qu'entourent les fortifications (la couronne du Battant et le fort Griffon) édifiées par Vauban pour renforcer les défenses de la ville. (Paris, musée de l'Armée)*

NEUF-BRISACH (HAUT-RHIN). *Cette place forte, créée par Vauban pour abriter une garnison de quatre mille hommes, est représentée comme une ville terminée : il n'en est rien au moment de la réalisation du plan, et la ville, achevée en 1712, aura en définitive un aspect assez différent. (Paris, musée de l'Armée)*

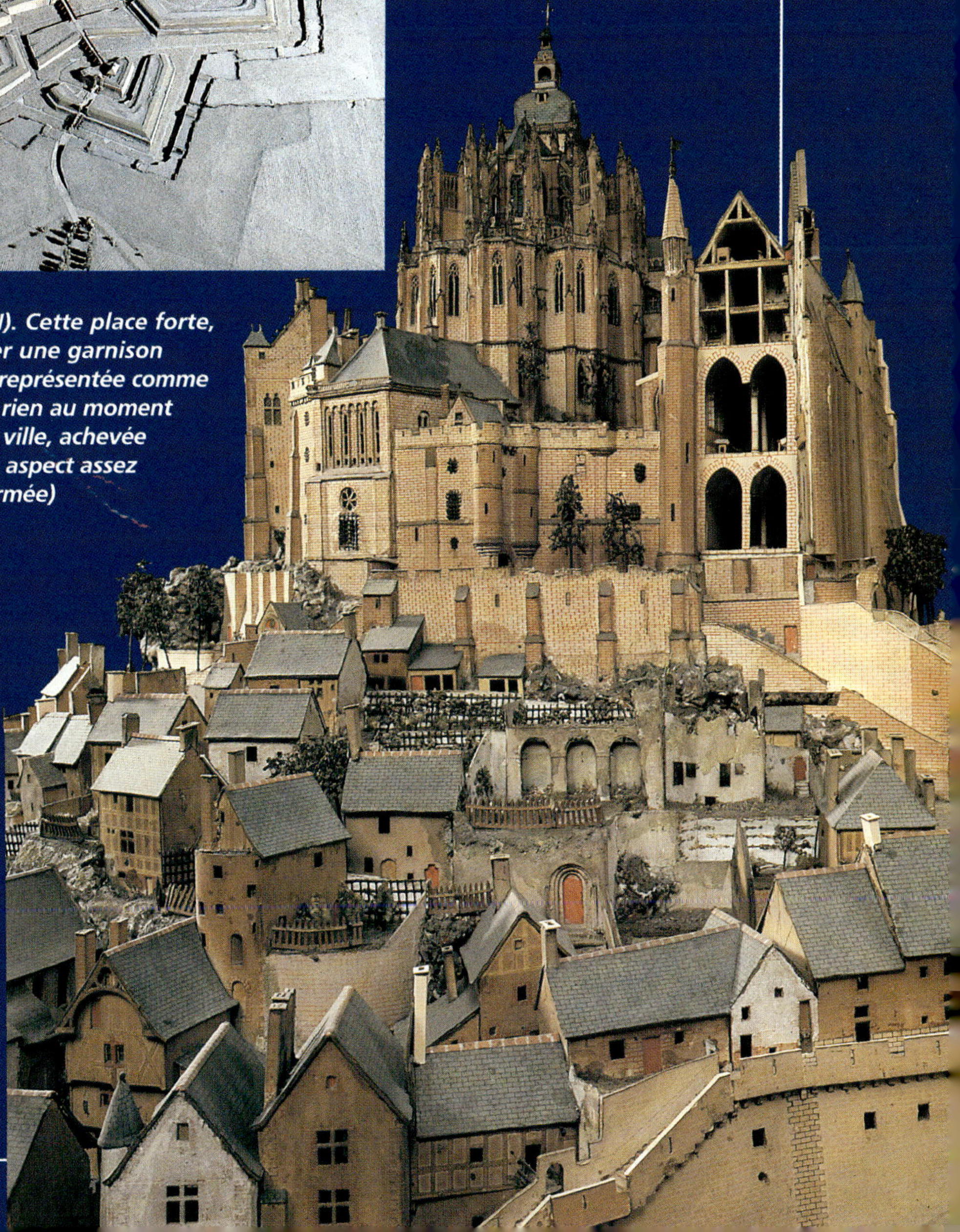

LE MONT-SAINT-MICHEL (MANCHE). *La maquette représente certains bâtiments d'origine disparus au cours des restaurations du* XIX*e siècle. Le Mont joue un rôle capital dans la défense de la Normandie au cours des siècles et, à ce titre, trouve sa place dans la « ceinture de fer ». Les panneaux de façade pivotent, découvrant l'intérieur de certains bâtiments conventuels et de la nef de l'église. (Paris, musée de l'Armée)*

La galère **La Réale.**▼
Chaque rame de cet antique navire est manœuvrée par cinq hommes. Armée de canons, elle est plus lente mais plus maniable qu'un vaisseau.
(Paris, musée de la Marine)

LA MARINE

Sacrifiée par Mazarin, la marine royale est, en 1661, quasi inexistante : une dizaine de vaisseaux de ligne hors d'usage, quelques flûtes et galères en décomposition… Disciple de Richelieu, Colbert entreprend avec énergie et détermination de la relever, d'abord par des commandes à l'étranger (une solution provisoire à ses yeux), puis par des constructions et la mise en place d'une industrie maritime nationale. Louis XIV, qui n'a pas de grandes connaissances en la matière, encourage son ministre dans cette voie. Le redressement est à la hauteur de l'effort entrepris. En 1671, la flotte comprend déjà cent quatre-vingt-quatorze navires de guerre, dont cent dix-neuf vaisseaux de ligne et vingt-deux frégates. En 1693, à son apogée, elle arrive au premier rang devant la Grande-Bretagne et les Provinces-Unies.

LES GALÈRES

Longues et basses, avec un faible tirant d'eau, les galères ont l'avantage de pouvoir évoluer grâce à leurs puissantes rames en l'absence de vent ou à contre-vent. Ces vaisseaux, armés de canons à l'arrière et d'un éperon à l'avant, sont, malgré les perfectionnements techniques, d'une médiocre efficacité militaire. Louis XIV décide néanmoins de relever ce corps, qui passe de neuf unités en 1661 à trente en 1681 pour atteindre quarante en 1695. Plusieurs raisons expliquent ce développement. C'est d'abord un instrument de propagande : la flottille des « demoiselles », comme les appelle Duquesne, avec leur gréement impressionnant, sert au prestige de la monarchie en Méditerranée. C'est ensuite une occasion pour la noblesse provençale de s'illustrer au lieu de chercher fortune sous la bannière de Malte. Enfin ces bâtiments jouent le rôle de redoutables pénitenciers pour les forçats, les déserteurs, les faux-sauniers, les vagabonds, les condamnés de droit commun. Y servent également des esclaves turcs ou nègres, achetés dans certains ports italiens. La chiourme compte jusqu'à douze mille galériens. À partir de 1685, on y envoie également des protestants (trois mille au total, dont la moitié maniera la rame).

PORTS ET MANUFACTURES

L'infrastructure portuaire n'est pas oubliée. Des arsenaux avec ateliers, cales de radoub, fonderies, aires de stockage du bois, salles à voile, corderies sont construits à Brest, Toulon et

◄ *Seignelay et Vivonne sur le chantier de la « Réale ». En vingt-cinq ans, la France se dote des meilleurs arsenaux d'Europe.* (Versailles, musée national du Château)

▲ *Un navire de guerre. Dès 1671, la flotte à voile française compte près de deux cents bâtiments de guerre.* (Bayonne, musée Bonnat)

◄ ***Jean-Baptiste Colbert, marquis de Seignelay (1651-1690).*** *Formé par son père, Colbert, il participe très activement à la réorganisation de la marine.* (Versailles, musée national du Château)

Rochefort. D'autres ports sont améliorés : Dunkerque, Sète, Marseille... Pour affranchir la France de la dépendance de l'étranger, Colbert et son fils Seignelay encouragent la constitution de manufactures d'armes et d'ancres dans le Périgord, le Nivernais, le Forez, à Lyon. En Bretagne, en Auvergne et en Dauphiné se créent des fabriques de toiles. Les mâts et bois de charpente sont tirés des forêts d'Auvergne, de haute Provence ou des Pyrénées. Le chanvre vient de Bretagne, de Bourgogne et du Dauphiné, et le goudron, d'Aquitaine.

LA « ROYALISATION » DE LA ROYALE

En bon administrateur, Colbert s'attache à doter les ports et les arsenaux de gestionnaires efficaces, comme le sont les intendants de marine disposant de pouvoirs judiciaires et financiers importants, avec pleine responsabilité concernant la construction et l'armement des vaisseaux. Ils sont assistés de commissaires et d'un contrôleur de la marine, pour l'engagement des dépenses. Aidé de Duquesne, qui connaît tout de la mer et de l'organisation navale, le ministre s'attache également à former un corps discipliné d'officiers de marine. Jusque-là, la marine a eu tendance à échapper au pouvoir royal. Sous la Fronde, César de Vendôme, l'un des fils bâtards d'Henri IV, en a fait un bien quasi patrimonial, installant à chaque échelon sa clientèle personnelle. Le même désordre subsiste avec son fils François, duc de Beaufort, dit le « roi des Halles ». Ce n'est qu'à sa mort, en 1669, que Louis XIV et Colbert peuvent fixer une nouvelle hiérarchie, décider des promotions et mettre en place un système de recrutement et de formation efficace (comme le collège de marine, les écoles d'hydrographie...). Deux flottes principales sont constituées, l'une pour le ponant, l'autre pour le levant.

FORCES ET FAIBLESSES

Trop vite poussée, la marine a les défauts de la jeunesse. En particulier, on peut déplorer l'absence d'un corps d'officiers supérieurs et disciplinés, à l'image de l'Amirauté britannique. Colbert s'en inquiète et n'osera engager ses escadres dans les premières années de la guerre de Hollande. Le système des « classes », ancêtre de l'inscription maritime, est mal accueilli de la population côtière, et la « presse », l'embarquement forcé des gens de mer, subsiste malgré les efforts pour la supprimer. Colbert a eu d'excellents continuateurs en la personne de son fils Seignelay, admis à dix-huit ans à la survivance de sa charge de secrétaire d'État, ainsi qu'en celle de l'intendant de marine Usson de Bonrepaus. Cependant, la faille vient du fait que le roi en personne n'est pas persuadé de la vocation maritime de la France. Préférant ses régiments à ses escadres, il ne découvrira que plus tard les réalisations de son ministre.

Cruauté des Français ▶ en Hollande,
par R. De Hoogh.
Les troupes françaises dévastent les campagnes et s'en prennent à la population.
(Paris, B.N.F.)

Romeyn De Hoogh : les eaux-fortes de la propagande

Les violences de l'armée française (tels les incendies de Swammerdam et de Bodegrave), sont dénoncées dans une série d'impressionnantes estampes exécutées par le graveur hollandais Romeyn De Hoogh (neveu du peintre Pieter De Hoogh). Largement diffusées en Europe et relayées par des pamphlets qui augmentent l'ampleur des massacres, elles visent à soulever d'horreur les populations contre les Français, ces nouveaux Barbares…

L'EUROPE EN GUERRE

À mesure que le conflit s'enlise, l'Europe s'inquiète. La régente d'Espagne aide les Hollandais. L'Électeur de Brandebourg, Frédéric-Guillaume de Hohenzollern, leur promet son secours. Louis XIV, revenu de ses premières ambitions, accepte la médiation des Suédois. Mais la guerre va plus vite que la diplomatie.

SWAMMERDAM ET BODEGRAVE

En plein hiver, le duc de Luxembourg quitte Utrecht avec son armée et marche sur La Haye. Ses soldats, des crampons à leurs chaussures, avancent sur les canaux glacés. Mais un brusque dégel le contraint à rebrousser chemin. Se croyant pris à revers par Guillaume d'Orange, Luxembourg bouscule un détachement hollandais à Swammerdam et laisse piller et brûler le bourg pour donner un « salutaire effroi » au peuple. Un autre village ouvert, Bodegrave, fait aussi l'objet de cruelles dévastations, qui ne manquent pas de soulever d'horreur non seulement les habitants des Provinces-Unies, mais aussi l'Allemagne tout entière, inondée, à l'instigation du prince d'Orange, de libelles furieux et d'estampes appelant à la vengeance. Sous l'effet de cette propagande exagérée, la France, perçue jusque-là comme la protectrice des petites nations, devient un odieux agresseur, et Louis XIV se transforme, dans l'esprit des peuples, en ogre assoiffé de sang…

MAËSTRICHT

Tandis que Turenne surveille le Rhin et pousse Frédéric-Guillaume à signer la paix de Vossem, Louis XIV se met à la tête de la principale armée, au printemps de 1673, et, après avoir ménagé l'effet de surprise, vient mettre le siège devant Maëstricht, vieille ville fortifiée sur la Meuse, tenue par les Hollandais. Malgré l'importance de ses défenses, la ville tombe en une douzaine de jours. L'ingénieur Vauban y a inauguré un nouveau système de tranchées parallèles emprunté aux Turcs. La prise de Maëstricht ne compense pas les insuccès sur mer des Franco-Anglais, qui ne parviennent pas à débarquer dans les Provinces-Unies.
En juin 1673, l'amiral hollandais Ruyter affronte la flotte du prince Rupert à Shoonevelt. Le 21 août, au Texel, avec des forces inférieures (soixante et onze vaisseaux contre quatre-vingt-onze), il repousse encore les envahisseurs. Anglais et Français saisissent l'occasion pour se faire d'aigres reproches.

◀ ***Louis XIV couronné par la Renommée.*** *Les victoires militaires des Français font l'objet d'une active propagande dans le royaume.* (Paris, B.N.F.)

▼ ***Le siège de Besançon.*** *C'est par la conquête de la Franche-Comté que le roi commence la campagne de 1674.* (Dole, musée des Beaux-Arts)

LA MORT DE D'ARTAGNAN

Capitaine-lieutenant des mousquetaires, capitaine des petits chiens courant le chevreuil, brigadier de cavalerie, maréchal de camp, enfin gouverneur (intérimaire) de Lille, d'Artagnan a fait une belle carrière depuis l'arrestation de Fouquet en 1661. Il meurt le 25 juin 1673, lors du siège de Maëstricht, alors qu'il tentait, l'épée à la main, à la tête d'un détachement de ses mousquetaires gris, de reprendre une demi-lune. « Il se conduisit avec la plus rare bravoure », raconte un témoin, lord Alington, « quelques vieux généraux disent que c'est l'action la plus courageuse et la plus mouvementée qu'ils aient jamais vue de leur vie. » « Artagnan et la gloire ont le même linceul ! », s'exclame, dans son poème en l'honneur de la prise de Maëstricht, Juliani de Saint-Blaise, sans deviner qu'une gloire, littéraire, le ferait sortir du tombeau… Les *Mémoires de M. d'Artagnan*, une œuvre apocryphe parue en 1700, du polygraphe Gatien Courtilz de Sandras, serviront de trame aux *Trois Mousquetaires* d'Alexandre Dumas.

LA FRANCE ISOLÉE

Louis XIV, qui n'arrive pas à mettre un terme, sur le plan militaire, à sa malheureuse équipée batave, cherche une paix acceptable et fait des propositions mesurées au congrès de Cologne. Mais l'Europe, secouée par la prise de Maëstricht, demeure intransigeante. Guillaume d'Orange a tôt fait d'enrôler l'empereur, la régente d'Espagne ainsi que le duc de Lorraine dans l'alliance de La Haye. Dans le courant du mois d'octobre, l'Espagne déclare la guerre à la France. Les armées royales évacuent une partie des places hollandaises et se concentrent en Flandre et dans la zone du Rhin moyen. En février 1674, le roi Charles II d'Angleterre, qui émarge toujours au budget français, est contraint par l'opinion publique britannique à demander et à signer séparément la paix avec les Provinces-Unies. Dans les pays germaniques, où une campagne furieuse contre Louis XIV, inspirée par le baron de Lisola, contribue à la naissance d'un courant nationaliste, les deux princes-évêques de Cologne et de Münster doivent abandonner l'alliance française. Le 28 mai, le Saint Empire, en corps, déclare la guerre à la France, à l'exception du Hanovre et de la Bavière.

LA GUERRE CONTINUE

Au printemps de 1674, Louis XIV, aidé de Vauban, se lance, comme il l'avait fait six ans plus tôt, à la conquête de la Franche-Comté. Besançon et Dole capitulent. Le 11 août, à Seneffe, près de Charleroi, le Grand Condé, avec quarante-cinq mille hommes, arrête l'armée de Guillaume d'Orange, forte de soixante mille hommes, composée de Hollandais,

La mort de Turenne

Henri de La Tour d'Auvergne, vicomte de Turenne, maréchal général des camps et armées du roi est, au dire de Napoléon, le plus grand général qui l'ait précédé. Il est tué le 27 juillet 1675 à Salzbach, près d'Offenburg, par un boulet ennemi tiré par le canonnier impérial Koch, alors qu'il observait d'une hauteur l'évolution des Impériaux de Montecuccoli. L'émotion est considérable en France. « Tout le monde se cherche pour parler de M. de Turenne, écrit Mme de Sévigné le 31 juillet; on s'attroupe; tout était hier en pleurs dans les rues; le commerce de toute autre chose était suspendu… Jamais un homme n'a été regretté si sincèrement; tout ce quartier où il a logé (le Marais), et tout Paris, et tout le monde était dans le trouble et dans l'émotion; chacun parlait et s'attroupait pour regretter ce héros. » Louis XIV s'exclame : « Nous avons perdu le père de la patrie ! ».

(Ci-dessous, Le Mausolée de Turenne à Saint-Denis, *Paris, musée du Louvre)*

La mort de Turenne ▲ ***(27 juillet 1675).*** *Alors qu'il faisait une reconnaissance avant d'affronter les Impériaux, Turenne est tué par un boulet de canon.* (Paris, B.N.F.)

d'Espagnols et d'Impériaux. La bataille, d'une extrême violence, dure une bonne quinzaine d'heures, au cours desquelles Condé aura trois chevaux tués sous lui. Les pertes sont très lourdes des deux côtés : environ huit mille hommes chez les Français, entre dix et douze mille dans les troupes impériales. « Nous avons tant perdu à cette victoire, écrit Mme de Sévigné, que sans le *Te Deum* et quelques drapeaux nous croirions avoir perdu le combat. » Sur le front allemand, Turenne affronte les troupes du général Montecuccoli, chef de guerre de grand talent. Bien qu'inférieurs en nombre, les Français infligent aux Impériaux la défaite de Sinsheim, près de Philippsbourg. Pour se maintenir dans le Palatinat, Turenne fait vider et incendier une trentaine de bourgs et de villages entre Rhin et Neckar. C'est le premier ravage du Palatinat.

AVEC MONSIEUR DE TURENNE

Faute de moyens, Turenne doit repasser le Rhin ; mais le plan plein d'audace qu'il prépare vise à déloger les coalisés qui ont projeté de prendre leurs quartiers d'hiver en Alsace. De Flandre lui parviennent des renforts. Le ban et l'arrière-ban de la noblesse, vieille institution féodale, sont convoqués pour la dernière fois de l'histoire de France.

Le 30 novembre, son armée, quittant ses cantonnements près de Saverne, entre en Lorraine, longe le massif impénétrable des Vosges et pendant vingt-sept jours, par un froid épouvantable, sous la neige ou la pluie et un vent toujours glacial, descend vers le sud et parvient à la trouée de Belfort, le 27 décembre. La campagne d'Alsace de Turenne est l'une de ses plus brillantes. À marches forcées, le glorieux fils des La Tour d'Auvergne prend Altkirch et Mulhouse, et écrase les Brandebourgeois à Turckheim, le 15 janvier 1675. Dix jours plus tard, les troupes alliées évacuent l'Alsace « au galop », par le pont de Kehl. Malheureusement, quelques mois plus tard, Turenne est tué à Salzbach, sur la rive droite du Rhin, emporté par un boulet de canon.

1674 - Jean Sobieski, roi de Pologne

Le XVIIe siècle marque le début du déclin de la Pologne comme puissance européenne, devant les assauts répétés de la Suède et de l'Autriche. C'est au cours des années 1670, par ailleurs, que la Turquie, qui consolide son empire et dont les troupes avancent vers l'occident, menace directement la Pologne. Un brillant capitaine, issu de la haute noblesse polonaise, Jean Sobieski, donne un coup d'arrêt à l'invasion turque à la bataille de Choczim, au moment même où meurt le roi polonais Michel. Régie par une monarchie élective, la couronne polonaise fait l'objet de nombreuses convoitises, et deux candidats principaux s'affrontent : le duc de Lorraine, soutenu par l'empereur Habsbourg et le parti lituanien, et l'Allemand Neubourg, candidat de Louis XIV. La lutte pour le trône, doublée d'intrigues, allait tourner à la guerre civile. Jean Sobieski s'impose comme l'homme fort de la Pologne. Alors qu'il s'était retiré sur ses terres, refusant de paraître à la Diète, il commence une marche triomphale vers Varsovie. La population l'acclame, où qu'il passe, marquant clairement sa préférence pour ce candidat. Arrivé devant la Diète, Sobieski est plébiscité par l'assemblée : la menace turque impose d'élire un roi capable de protéger la Pologne contre l'invasion. En dépit des réticences, véritables ou prétendues, de Sobieski à monter sur le trône, et malgré les menées du parti austro-lituanien, Sobieski est élu roi par la Diète, le 21 mai 1674. Ce choix, auquel tous se rallient bientôt, entérine celui de l'opinion populaire. Il établit dans le royaume un pouvoir favorable à la France, soutenu par Louis XIV. La lutte contre les Turcs marquera le règne de Sobieski, qui contribuera de façon décisive à libérer Vienne, assiégée par eux.

Jean III Sobieski (1629-1696) et son fils.
Ses victoires militaires le font apparaître aux yeux de tous comme le nouvel homme fort de la Pologne, et lui valent d'être élu roi par la Diète. (Varsovie, palais Wilanow)

La guerre de siège

Nommé commissaire général des fortifications en 1678, Vauban mène une réflexion poussée, à travers plusieurs ouvrages, sur la défense et l'attaque des places fortifiées. Son expérience et ses théories sur la poliorcétique (guerre de siège), qui couvrent les principes de fortification, l'armement et les tactiques, donnent à la France bien des victoires.

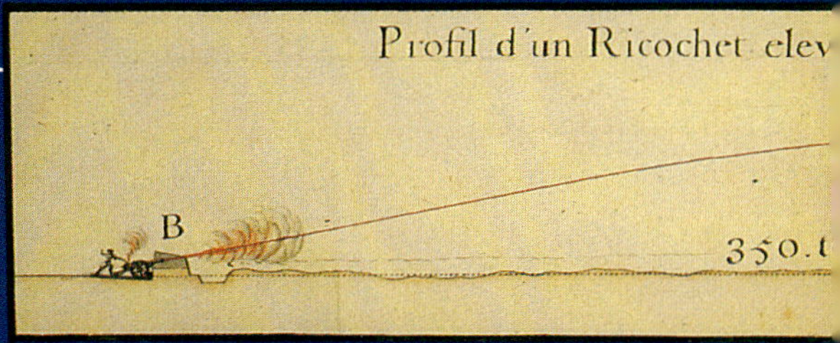

RICOCHET D'UN BOULET DE CANON. *Le rôle de l'artillerie est essentiel dans la guerre de siège. Parmi les différentes techniques de tir, le « tir à ricochet » permet de démonter les canons de la défense. Ce procédé est perfectionné par Vauban. Les tranchées creusées par les assiégeants doivent prendre en compte la portée des tirs d'artillerie. (Vauban,* Traité des sièges et de l'attaque des places, *1704, Paris, Direction centrale du Génie)*

ARMURE DE SIÈGE D'OFFICIER. *Composée d'un corps et d'un casque en fer, elle protège les organes vitaux tout en laissant, grâce à sa légèreté et aux articulations des hanches et des bras, une grande liberté de mouvement aux officiers d'artillerie. Ceux-ci sont responsables de la construction et du service des batteries, dont ils fournissent les canons. (Paris, musée de l'Armée)*

LE SIÈGE DE MAËSTRICHT (JUIN 1673). *Vauban est le principal artisan du siège de cette ville bien fortifiée et efficacement défendue. Ce siège, auquel Louis XIV participe, dure treize jours. Selon les estimations de Vauban, la durée maximale d'un siège, avant la reddition, est d'une cinquantaine de jours. Les effectifs des attaquants doivent être cinq fois plus nombreux que ceux des défenseurs de la place. (Versailles, musée national du Château)*

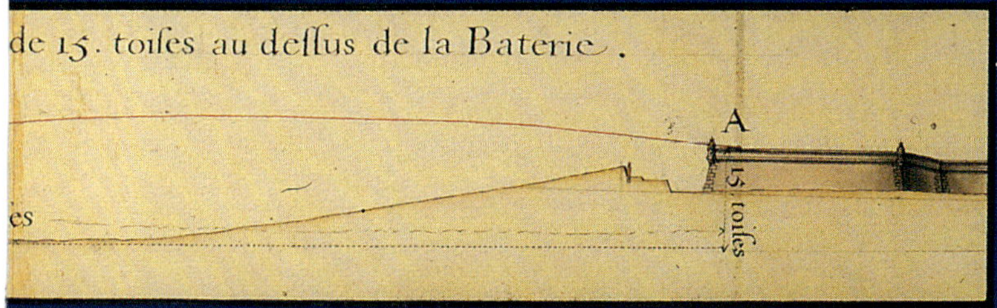

***E*XPLOSION DE MINES (FACE ET PROFIL).**
Les mines sont un moyen efficace de percer une brèche dans les murailles de fortification. Pour se défendre contre cette éventualité, Vauban dote les murs qu'il fait construire d'un « fruit », inclinaison du bas du mur par rapport à la verticale, qui assure la bonne tenue du remblai en cas d'explosion. (Vauban, **Traité des sièges et de l'attaque des places,** ***1704, Paris, Direction centrale du Génie)***

***B*ATTERIES DE MORTIERS.**
Utilisé pour lancer des bombes, le mortier joue un rôle majeur dans la conduite des sièges. L'efficacité de l'artillerie et l'organisation des tactiques de siège deviennent telles qu'il est pratiquement possible de prévoir le déroulement d'un siège et la durée de la plupart des opérations. (Vauban, **Traité des sièges et de l'attaque des places,** ***1704, Paris, Direction centrale du génie)***

Les lettres et la gloire du roi

Moins contrôlées que les autres arts par la structure rigide des académies, les lettres, maintenues sous la surveillance royale, exaltent les destinées de la France et la gloire de Louis XIV, tout en instaurant pour référence unique un classicisme inspiré du modèle antique et de la morale chrétienne.

FRONTISPICE DE BÉRÉNICE. *Jouée en 1670 pour la première fois, c'est l'une des rares tragédies de Racine qui ne soit pas « sanglante » : elle met en scène deux amants, l'empereur Titus et la reine Bérénice, contraints de se séparer pour obéir à la raison d'État. (Paris, B.N.F.)*

JEAN RACINE (1639-1699). *Influencé par une éducation janséniste, il se liera avec les principaux écrivains de son temps : La Fontaine, Molière, Boileau. Dans les années 1660-1670, il compose ses tragédies les plus célèbres (*Andromaque, Britannicus, Bérénice, Bajazet, Iphigénie, Phèdre*...), qui sont reçues à la Cour et à la ville avec des succès inégaux.* Phèdre *(1677), par exemple, fait l'objet d'une cabale qui le fait renoncer au théâtre. Entré à l'Académie en 1672, il reçoit cinq ans plus tard de Louis XIV, qui l'apprécie tout particulièrement, la charge d'historiographe royal. (Versailles, musée national du Château)*

COUVERTURE D'UN RECUEIL DE TRAGÉDIES DE RACINE. *Les tragédies de Racine sont le modèle absolu de la tragédie classique : éloquentes, harmonieuses, solennelles, simples dans leur composition, elles montrent la marche de la fatalité, telle que la concevaient les Anciens. (Paris, B.N.F.)*

MARIE DE RABUTIN-CHANTAL, MARQUISE DE SÉVIGNÉ (1626-1696). *Cultivée et proche des milieux littéraires parisiens, Mme de Sévigné, qui partage son existence entre la Bretagne, Paris et la Cour, a laissé une correspondance extrêmement abondante, dans laquelle elle décrit, avec force détails et beaucoup d'esprit, les faits et gestes de son entourage. Sa relation épistolaire avec sa fille, dont elle souffre d'être séparée après le mariage de cette dernière avec un gentilhomme provençal, le comte de Grignan, est une mine d'informations. (Paris, musée Carnavalet)*

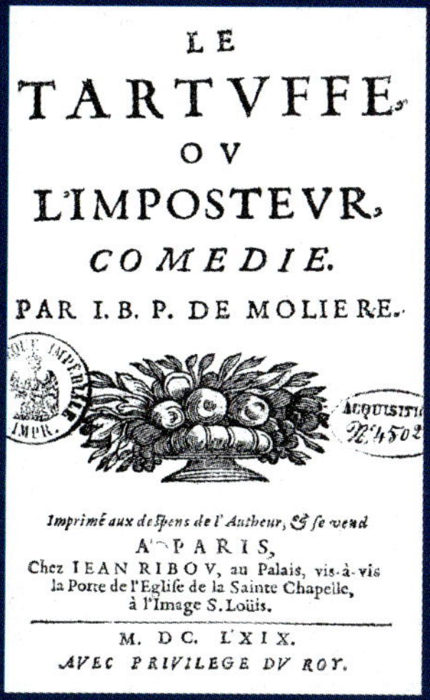

LE
TARTVFFE,
OV
L'IMPOSTEVR,
COMEDIE.
PAR I. B. P. DE MOLIERE.

Imprimé aux despens de l'Autheur, & se vend
A PARIS,
Chez IEAN RIBOV, au Palais, vis-à-vis
la Porte de l'Eglise de la Sainte Chapelle,
à l'Image S. Loüis.
M. DC. LXIX.
AVEC PRIVILEGE DV ROY.

FRONTISPICE DE PIÈCES DE MOLIÈRE. *Génie comique, Molière met en scène des personnages parfois grotesques qu'il ridiculise. Tel est le cas du Malade imaginaire (1673). Sa critique des dévôts dans Tartuffe (1664) est plus acerbe et lui vaut l'interdiction de faire jouer la pièce. (Paris, B.N.F.)*

MOLIÈRE (1622-1673). *Fils de tapissier, Jean-Baptiste Poquelin fonde en 1643 l'Illustre-Théâtre. Avec sa troupe de comédiens, il joue à Paris d'abord, puis devant le roi, composant des pièces de circonstance pour la Cour. Comédies, comédies-ballets, farces se succèdent, suscitant parfois des critiques sévères. Mais son talent littéraire, sa connaissance des mœurs de son temps comme des passions humaines font de son théâtre une œuvre exceptionnelle. (Versailles, musée national du Château)*

NICOLAS BOILEAU-DESPRÉAUX (1636-1711). *Contemporain de Racine, à qui le lie une amitié durable, proche comme lui du jansénisme, il s'illustre par ses poèmes satiriques, ses Satires (1666), son Discours au roi et son Art poétique. Ami des plus grands écrivains de l'époque (La Fontaine, La Bruyère, Guilleragues, Furetière…), il devient historiographe (1677) et gentilhomme ordinaire du roi qui l'apprécie pour son esprit vif et sa droiture. (Versailles, musée national du Château)*

L'ART POÉTIQUE (1674). *Cet ouvrage de Boileau envisage la poésie sous l'angle du métier, plus que de l'inspiration. Il y définit les règles de la poésie classique, très formelle, qui laisse une place assez réduite à l'inspiration. Cette caractéristique fait de lui le modèle des auteurs classiques des XVIIe et XVIIIe siècle ; mais il sera par la suite décrié par les écrivains romantiques. (Paris, B.N.F.)*

L'ambassadeur de Hollande demandant la paix à Louis XIV. *La menace d'une invasion par les troupes françaises décide les Hollandais à demander la paix à Louis XIV.* *(Paris, B.N.F.)*

Publication de la paix entre la France et la Hollande (29 septembre 1678). ***La paix de Nimègue marque le sommet de la popularité du roi en France, mais porte en elle les germes des futurs conflits européens.*** *(Paris, B.N.F.)*

LES LENTEURS DE LA PAIX

Au XVIIe siècle, diplomatie et opérations militaires vont de pair. Dès le mois de septembre 1674, le roi a fait des propositions de paix agrémentées de concessions. Il renoncerait à ses conquêtes dans les Pays-Bas espagnols moyennant des compensations à trouver en Catalogne ou en Sicile. Les discussions se sont poursuivies à Paris tout au long de l'hiver et du printemps de 1675, mais en vain.

LES DIFFICULTÉS DE LA DIPLOMATIE FRANÇAISE

Faute d'obtenir des ouvertures de paix, la diplomatie française doit chercher des alliances de revers. En janvier 1676, les Turcs proposent à la France de signer un traité contre l'empereur, mais le Conseil décline l'offre, estimant qu'il ne peut former officiellement une alliance avec la Sublime-Porte contre un prince chrétien. On préfère placer des espoirs dans le roi de Pologne, Jean III Sobieski, qui a épousé une française, Marie Casimire de La Grange d'Arquien, et montre des sentiments favorables au royaume de Louis XIV. Hélas, Sobieski ne tient pas ses engagements et signe avec Léopold Ier un traité de neutralité. Les Portugais et les Savoyards adoptent eux aussi une position neutre. Seuls les Hongrois et Transylvains d'Imre Thököly, en rébellion contre Vienne, répondent favorablement à la proposition de Versailles. Mais leurs entreprises de diversion se révèlent finalement assez peu efficaces.

LES DISCUSSIONS DE NIMÈGUE

Commencés en 1676, les pourparlers de paix sont bloqués un an durant par des questions d'étiquette et de préséance. Les marchands et les classes moyennes des Provinces-Unies sont acquis à la paix, mais Guillaume s'y oppose et veut entraîner l'Angleterre dans la guerre. L'intervention des alliés de chaque camp, qui veulent être payés de retour, rend les discussions longues et délicates. Pour imposer la paix, Louis XIV est donc obligé de montrer sa force, sans pourtant en abuser, ce qu'il réussit à merveille. En dépit de ses succès, il se retire d'abord de l'aventure sicilienne en évacuant Messine – ce qui rassure ses adversaires sur les ambitions de la France en Méditerranée –, et fait porter ses efforts sur la Belgique. En mars 1678, Gand et Ypres capitulent. Les Hollandais sont avertis de ce qui attend Anvers, puis Amsterdam, s'ils persistent dans leur refus de négocier la paix. Sûr de sa position de force face à ses adversaires, le roi fait alors connaître ses conditions de paix.

La paix des rois de France et d'Espagne. L'Espagne est la grande perdante : elle abandonne de nombreux territoires à la France. (Versailles, musée national du Château)

LES TRAITÉS

La paix de Nimègue est signée le 10 août 1678 avec les Provinces-Unies, qui recouvrent l'intégralité de leur territoire, y compris Maëstricht. Les rapports commerciaux des deux pays sont rétablis sur des bases équitables. L'Espagne fait les frais de la guerre. Elle cède à la France le Cambrésis, la Franche-Comté, la partie du Hainaut comprenant Valenciennes et Maubeuge, celle de la Flandre maritime englobant Ypres et Cassel, et la partie de l'Artois qui lui manquait, avec Aire et Saint-Omer. En échange, la France restitue certaines de ses conquêtes (Charleroi, Audenarde, Courtrai, Gand...). L'empereur Léopold ne signe la paix que le 5 février 1679. Il cède Fribourg, mais garde Philippsbourg. La France conserve la Lorraine, mais à titre de gage seulement dans l'attente d'un règlement définitif, car son duc refuse qu'on l'ampute de Nancy et Longwy. Le Grand Électeur de Brandebourg Frédéric-Guillaume est contraint de signer la paix de Saint-Germain, le 29 juin 1679.

LOUIS LE GRAND

La France, certes, n'est pas parvenue à mettre à genoux la petite République hollandaise, mais a obtenu des avantages substantiels. Ses frontières, qui atteignent le Rhin et la moyenne Moselle, englobent le Jura et l'Artois et sont plus sûres. Le pré carré prend forme, et Vauban ne va pas tarder à le ceinturer de places fortes. Sur la scène internationale, le prestige de la France est au plus haut. Elle semble bien être l'arbitre de l'Europe. La langue française s'est imposée dans la diplomatie des grandes nations. La modération du roi n'est pas étrangère à ce triomphe. C'est alors que la ville de Paris lui donne le titre de Louis le Grand.

LES FAIBLESSES DE LA GRANDEUR

Malheureusement, le monarque tire un orgueil excessif de ses succès, sans mesurer combien ils sont fragiles. L'empereur a été humilié. Louis a profité d'une conjoncture très exceptionnelle : la lassitude des bourgeois hollandais, la vénalité du roi d'Angleterre, le déclin espagnol, les efforts du pape Innocent IX en faveur de la paix, l'inquiétude de Léopold Ier menacé sur le Danube ont été des éléments essentiels.
À l'intérieur, les finances mises à mal ont sensiblement freiné les efforts commerciaux et industriels. Les grandes compagnies marchandes périclitent. Une guerre dispendieuse et une conjoncture dépressive ont empêché la mutation de l'économie française. La modernisation prend un retard qui finira par peser lourd.

L'inquiétante évolution de l'Angleterre

Les Anglais accueillent avec rage les victoires de Louis XIV en Flandre et en Méditerranée. Leur colère se tourne contre Charles II, que les Communes pressent de se départir de sa neutralité. Les protestants redoutent que, le roi n'ayant pas d'enfant, la couronne ne revienne à son frère Jacques, duc d'York, converti au catholicisme. Ne voulant pas d'un roi papiste et jésuite sur le trône, ils encouragent le mariage de la fille aînée du duc, Marie, très attachée à la foi anglicane, avec Guillaume d'Orange. Le mariage a lieu en novembre x et, dès janvier 1678, un traité d'alliance unit l'Angleterre et les Provinces-Unies. C'est l'ultime étape avant une entrée en guerre contre la France...

	Politique, société, religion	Guerres et diplomatie	Lettres et arts	Au même moment
1638	• Arrestation de l'abbé de Saint-Cyran • Vœu de Louis XIII • Naissance de Louis XIV	• Nouveau traité d'alliance entre la France et la Suède • Déroute française à Fontarabie • Prise de Brisach par Bernard de Saxe-Weimar	• Parution des *Œconomies royales* de Sully	• Première guerre épiscopale en Écosse
1639	• Révolte des Nu-Pieds en Normandie		• Naissance de Jean Racine	• La Valteline revient dans la dépendance du canton helvétique des Grisons
1640	• Refonte des monnaies, création du louis d'or • Publication de l'*Augustinus* de Jansénius à Louvain		• Fondation au Louvre de l'Imprimerie royale • Corneille : *Horace* • Georges de La Tour : *Le Nouveau-Né*	• Au Portugal, fin de la révolution et accession au trône de Jean IV, duc de Bragance • Frédéric-Guillaume de Hohenzollern devient prince électeur du Brandebourg
1641	• Conspiration du comte de Soissons • Victoire royale à La Marfée	• Révolte de la Catalogne : Louis XIII devient comte de Barcelone	• Descartes : *Méditations métaphysiques* • Vélèz de Guevara : *Le Diable boiteux* • Corneille : *Cinna*	• Début de la puissance hollandaise en Insulinde et en Malaisie
1642	• Conspiration de Cinq-Mars • Mort du cardinal de Richelieu • Entrée de Mazarin au Conseil		• Corneille : *Polyeucte* • Les frères Le Nain : *La Famille de paysans*	• Guerre civile en Grande-Bretagne Formation des colonies britanniques du Nord en Amérique • Fondation de Ville-Marie (futur Montréal) par des colons charentais et dieppois
1643	• Mort de Louis XIII et avènement de Louis XIV • Régence d'Anne d'Autriche • Installation de la Cour au Palais-Royal et cabale des Importants • Publication de *De la fréquente communion* d'Antoine Arnauld • Soulèvement des croquants du Rouergue	• Victoire du duc d'Enghien à Rocroi contre l'Espagne	• Corneille : *La Mort de Pompée* • Mézeray : Premier volume de l'*Histoire de France* • Molière : fondation de l'Illustre-Théâtre • Le Nain : *La Tabagie*	• Invention du baromètre par Torricelli • Démission du comte de Olivares • Guerre entre la Suède et le Danemark
1644	• Édit du toisé. Taxe des aisés. Incidents et « esmotions populaires » en différentes provinces de France.	• Congrès de Münster et d'Osnabrück • Victoire de Turenne et d'Enghien à Fribourg • Prise de Philippsbourg par Turenne	• Le Lorrain : *Port au soleil couchant*	• Mort du pape Urbain VIII et élection d'Innocent X • Prise de Pékin par les Mandchous
1645		• Victoire de Turenne et d'Enghien à Nördlingen	• La Tour : *Saint Pierre repentant* • Le Sueur : *Vie de saint Bruno* • Début de la construction du Val-de-Grâce	• Paix de Bromsebro entre le Danemark et la Suède • Anéantissement du royaume du Mali par les Bambaras • Alexis Ier Romanov, tsar
1646	• Mazarin, surintendant de l'éducation du roi • Déclaration contre les duels	• Prise de Furnes, de Dunkerque et de Courtrai par le duc d'Enghien • Succès français à Piombino	• Rembrandt : *Adoration des bergers* • Début de la construction de la chapelle de Port-Royal	
1647		• Armistice d'Ulm (France-Bavière-Hollande)		• Guillaume II d'Orange devient stathouder de Hollande • À Naples, révolte de Masaniello contre la fiscalité imposée par le vice-roi espagnol
1648	• Abolition des intendants (sauf dans les provinces frontières) • Fronde parlementaire • Proposition de la chambre Saint-Louis • Journées des Barricades	• Victoire de Condé à Lens • Traité de Wesphalie : fin de la guerre de Trente Ans	• Création d'une Académie de peinture et de sculpture • Rembrandt : *Les Pèlerins d'Emmaüs*	• Londres : épuration du Parlement par Cromwell • Frédéric III roi de Danemark et de Norvège • Mahomet IV, sultan ottoman • Révolte des Cosaques en Ukraine contre la domination polonaise

Politique, société, religion	Guerres et diplomatie	Lettres et arts	Au même moment	
• La Cour quitte Paris pour Saint-Germain • Blocus de Paris par le prince de Condé • Paix de Rueil, retour du roi à Paris • Mauvaises récoltes et disette		• Descartes : *Traité des passions de l'âme*	• Exécution de Charles Iᵉʳ d'Angleterre • Dictature d'Oliver Cromwell • Jean II Casimir, roi de Pologne	1649
• Arrestation de Condé • Début de la « Fronde des princes »	• Turenne siège devant Guise	• Corneille : *Andromède* • Date probable des *Vues de la Villa Médicis* par Vélasquez • Mort de Descartes	• Mort de Guillaume II d'Orange • Fondation de Tananarive à Madagascar	1650
• Opposition de Condé et du Parlement • Majorité de Louis XIV		• Corneille : *Nicomède* • Hobbes : *Le Léviathan*	• Le Bernin aménage la place Navone, à Rome	1651
• Troubles à Bordeaux, à Paris • Journée dite « du feu de l'Hôtel de Ville » • Condé et Conti coupables de lèse-majesté • Arrestation de Retz	• Dunkerque repris par les Espagnols	• Mort de Georges de La Tour	• Première guerre entre l'Angleterre et les Provinces-Unies • Création de l'établissement du Cap par le Hollandais Van Riebeck	1652
• Retour de Mazarin • Fouquet surintendant des Finances • Amnistie à Bordeaux • Condamnation par le pape de l'*Augustinus*	• Prise de Rethel par Turenne • Prise de Rocroi par les Espagnols commandés par Condé • Siège de Landrecies	• Condamnation par le Parlement du *Recueil de maximes* de Claude Joly • Mort de Théophraste Renaudot • Le *Ballet de la nuit* • La Hyre : *Paysage aux baigneuses* • Début du salon de Mlle de Scudéry	• Premiers contacts entre la Corée et l'Occident • Cromwell devient lord-protecteur du Commonwealth et crée un parlement unique pour l'Angleterre, l'Écosse et l'Irlande	1653
• Lit de justice condamnant Condé à mort • Sacre de Louis XIV à Reims • Embarquement de Retz pour l'Espagne	• Libération d'Arras par Turenne • Prise de Stenay	• Mort de Guez de Balzac • Début de la construction de l'hôtel de Beauvais • Madeleine de Scudéry : *Clélie*	• Traité de Westminster entre l'Angleterre et les Provinces-Unies • Début de la guerre entre la Pologne et la Russie • Charles X Gustave, roi de Suède • Les Anglais occupent l'Acadie	1654
• Crise avec le parlement de Paris	• Prise de Landrecies • Traité de Pignerol • Traité de Westminster (alliance franco-anglaise)		• Alexandre VII succède à Innocent X • Première « guerre du Nord » de Charles X de Suède contre Jean II Casimir de Pologne	1655
• La faculté de théologie dégrade Arnauld • Parution de la première *Provinciale* de Pascal • Création de l'hôpital général à Paris • Déclaration contre les usurpateurs de noblesse	• Turenne vaincu par Condé à Valenciennes • Prise de La Capelle par Turenne	• Fouquet fait construire son château de Vaux-le-Vicomte	• Guerre civile en Suisse • Christine de Suède arrive à Paris • Ahmed Köprülü Pacha devient grand vizir	1656
• Mise à l'*Index* des *Provinciales*	• Échec du siège de Cambrai • Turenne prend Mardick aux Espagnols	• Tallemant des Réaux débute la rédaction des *Historiettes*	• Mort de l'empereur Ferdinand III • Frédéric III de Danemark déclare la guerre à la Suède • La flotte vénitienne est vaincue par la flotte ottomane	1657
• Maladie du roi à Calais • Rencontre de Louis XIV et de Marguerite de Savoie en vue d'un possible mariage ; l'ambassadeur d'Espagne vient offrir la main de l'infante	• Bataille des Dunes : victoire de Turenne, prise de Dunkerque • Ligue du Rhin • Discussion entre la France et l'Espagne en vue de la paix		• Fondation par les Français de Saint-Louis du Sénégal • Mort d'Oliver Cromwell • Léopold Iᵉʳ de Habsbourg empereur • Aurangzeb, empereur moghol	1658
• Émeutes à Aix-en-Provence • Voyage de la Cour dans le Midi	• Traité des Pyrénées	• Molière : *Les Précieuses ridicules* • Le Nôtre aménage le jardin des Tuileries		1659
• Mort de Gaston d'Orléans • Voyage du roi en Provence, punition de Marseille • Privilège accordé à la manufacture des Gobelins • Mariage de Louis XIV avec Marie-Thérèse d'Autriche • Entrée du roi et de la reine à Paris		• Mort de Vélasquez et de Scarron • Antoine Arnauld : *Grammaire générale et raisonnée* • Mignard : *Portrait de Louis XIV* • Boileau : *Satires*	• Restauration des Stuarts : Charles II, roi d'Angleterre • Charles XI roi de Suède	1660

	Politique, société, religion	Guerres et diplomatie	Lettres et arts	Au même moment
1661	• Colbert intendant des Finances • Mort de Mazarin • Mariage de Monsieur et d'Henriette d'Angleterre • Début de la liaison du roi et de Louise de La Vallière • Affaire du formulaire contre les jansénistes • Arrestation et procès de Fouquet • Naissance du Dauphin	• Londres : querelle entre les suites de l'ambassadeur de France et de l'ambassadeur d'Espagne	• Début des travaux à Versailles • Création d'une Académie royale de danse • Molière : *L'école des maris, Les Fâcheux* • Hardouin de Péréfixe : *Histoire du Roy Henri le Grand*	• Couronnement de Charles II d'Angleterre à Westminster
1662	• Crise de subsistance dans de nombreuses provinces • Guérison miraculeuse à Port-Royal de la fille de Philippe de Champaigne • Révolte des Lustucru dans le Boulonnais • Grand carrousel des Tuileries	• Traité franco-lorrain de Montmartre • Incident entre la suite de l'ambassadeur de France et la garde corse du pape • Dunkerque est acheté par la France à l'Angleterre	• Molière : *L'École des femmes* • Philippe de Champaigne : *Ex-voto* • Bossuet : *Sermon sur les devoirs des rois*	• Kangxi, empereur mandchou en Chine • Reconnaissance officielle de la Royal Society
1663	• Première fête importante à Versailles	• Création au Canada d'une province française : la Nouvelle-France • Renouvellement de l'alliance suisse	• Charles Le Brun décore la galerie d'Apollon au Louvre • Mignard décore la coupole du Val-de-Grâce	• Vote du Stapple Act : exclusivité du commerce entre Londres et les colonies • Avancée des Turcs en Haute-Hongrie
1664	• Colbert surintendant des Bâtiments du roi • Fête des Plaisirs de l'Isle enchantée à Versailles • Le clergé est contraint de signer le formulaire antijanséniste • Création des Compagnies des Indes occidentales et orientales • Création de la manufacture de Beauvais (tapis et tapisserie)	• Intervention de la France dans la répression de la révolte d'Erfurt	• Racine : *La Thébaïde*	• Bataille du Saint-Gotthard, en Hongrie : victoire des Impériaux sur les Turcs
1665	• Colbert surintendant général du Commerce, grand trésorier des Ordres et contrôleur général des Finances • Fondation de plusieurs manufactures • Les Grands Jours d'Auvergne		• Séjour du Bernin à Paris • Bussy-Rabutin : *Histoire amoureuse des Gaules* • Molière : *Dom Juan ou le Festin de Pierre* • La Rochefoucauld : *Réflexions ou Sentences et maximes morales*	• Deuxième guerre entre l'Angleterre et la Hollande • Mort de Philippe IV d'Espagne, avènement de Charles II • Épidémie de peste à Londres
1666	• Mort d'Anne d'Autriche • Règlement sur l'exercice de la religion prétendue réformée • Fondation des ports de Sète et de Lorient		• Académie de France à Rome • Jean Nocret : *La Famille de Louis XIV* • Académie royale des sciences • Furetières : *Le Roman bourgeois* • Molière : *Le Misanthrope*	• Grand incendie de Londres
1667	• Création de la lieutenance générale de police à Paris, confiée à Nicolas de La Reynie • Renforcement du tarif douanier • « Code Louis » : ordonnance sur la procédure civile	• Alliance entre la France et le Portugal • Échec de l'attaque franco-hollandaise contre les Antilles anglaises • Début de la guerre de Dévolution	• Début de la réalisation du Grand Canal à Versailles • Construction de l'Observatoire et de la colonnade du Louvre • Racine : *Andromaque* • Molière : *Tartuffe*	• Paix de Bréda entre l'Angleterre et la Hollande • En Russie, excommunication des *raskolniki*
1668	• « Grand divertissement royal » à Versailles • Recherche des « usurpateurs de la noblesse » • Paix clémentine : apaisement de la querelle janséniste	• Conquête éclair de la Franche-Comté • Paix d'Aix-la-Chapelle avec l'Espagne, fin de la guerre de Dévolution • Traité secret entre Louis XIV et l'Empereur	• La Fontaine : premier recueil des *Fables* • Molière : *Amphitryon, L'Avare* • Racine : *Les Plaideurs*	• Triple Alliance de La Haye contre la France, regroupant l'Angleterre, la Hollande et la Suède • Traité de Lisbonne : reconnaissance par l'Espagne de l'indépendance du Portugal
1669	• Suppression des chambres de l'édit de Nantes à Paris et à Rouen • Restrictions à l'édit de Nantes • Règlement pour les eaux et forêts • Réorganisation de l'Amirauté • Mme Scarron gouvernante des enfants du roi et de Mme de Montespan • Sermons du père Bourdaloue		• *Ballet de Flore*, au Louvre • Fondation de l'Académie royale de Musique • Pascal : *Pensées* • Racine : *Britannicus* • Roberval présente sa balance	• Prise de Candie par les Turcs • Michel Korybut Wiesnowiecki, roi de Pologne

Politique, société, religion	Guerres et diplomatie	Lettres et arts	Au même moment	
• Ordonnance de création des Invalides • Révolte populaire en Vivarais • Mort d'Henriette d'Angleterre, épouse de Monsieur • Démolition des fortifications de Paris	• Traité de Douvres entre la France et l'Angleterre • Occupation de la Lorraine par les troupes royales	• Molière : *Le Bourgeois gentilhomme* • Racine : *Bérénice* • Corneille : *Tite et Bérénice* • Construction du Trianon de porcelaine à Versailles • Spinoza : *Traité théologico-politique*	• Traité d'alliance entre l'Espagne et la Hollande	1670
• Louis XIV est reçu à Chantilly par le prince de Condé ; mort de Vatel • Fondation officielle de la ville de Versailles • Mariage de Monsieur avec Charlotte-Élisabeth de Bavière, princesse Palatine	• Préparation de la guerre contre les Provinces-Unies	• Louis XIV rédige des *Mémoires* ou *Instructions pour le Dauphin* • Académie d'architecture • Arnauld d'Andilly : *Instructions chrétiennes* • Molière : *Les Fourberies de Scapin*	• Les deys, élus par la milice turque, sont au pouvoir en Algérie	1671
• Entrée de Louvois au Conseil d'en haut	• Déclaration de guerre de la France à la Hollande • Traité de Stockholm entre la France et la Suède • Passage du Rhin ; ouverture des digues et inondation de la Hollande pour protéger Amsterdam. Saccage de la Hollande	• Privilège du roi accordé à Lully pour tenir l'Académie de musique • Construction de la porte Saint-Denis à Paris • Lully : *Fêtes de l'Amour et de Bacchus* • Racine : *Bajazet* • Quesnel : *Réflexions morales sur le Nouveau Testament*	• Assassinat de Jean de Witt, grand pensionnaire de Hollande	1672
• Lettre de Vauban au roi sur le pré carré • Extension du droit de régale par Louis XIV à tous les évêchés du royaume • Le roi oblige les parlements à enregistrer les édits royaux avant remontrance • Imposition du papier timbré pour tous les actes civils et judiciaires • Grande ordonnance du commerce • Règlement sur les constructions navales	• Turenne occupe la Westphalie • Siège et prise de Maëstricht • Échec des négociations de Cologne en vue de la paix • Traité de Vossem entre l'Électeur de Brandebourg et Louis XIV • Combat naval du Texel contre la Hollande • Prise de Colmar	• Molière meurt après une représentation du *Malade imaginaire* • Charpentier : *Les Arts florissants* • Racine : *Mithridate*	• Découverte du Mississippi • Guerre de la colonie française du Canada contre les Iroquois • Moulay Ismaïl, sultan alaouite du Maroc	1673
• Complot visant à donner le Roussillon aux Espagnols • Décapitation du chevalier de Rohan • Règlement sur l'organisation de la marine	• Prise de Besançon et de Dôle • Sac du Palatinat • Victoire de Condé à Séneffe • Campagne de Turenne sur le Rhin	• Lully : *Alceste* • Racine : *Iphigénie* • Moreri : *Grand dictionnaire historique* • Malebranche : *De la recherche de la vérité*	• Paix de Westminster • Jean III Sobieski, roi de Pologne • Fondation de Pondichéry par François Martin	1674
• Mort de Turenne • Violents mouvements d'opposition fiscale en Guyenne, dans l'Agenais et en Bretagne • L'ordre du tableau réorganise les carrières dans l'armée	• Campagne de Turenne dans les Vosges • Victoire navale française aux îles Lipari contre l'Espagne • Campagne au pays de Bade • Victoire d'Altenheim • Victoire du Brandebourg contre les Suédois • Ouverture d'un congrès à Nimègue	• Lully et Quinault : *Thésée*	• Victor-Amédée II, duc de Savoie • Fondation à Londres de l'observatoire de Greenwich	1675
• Exécution de la marquise de Brinvilliers • Création de la Caisse des conversions par Pellisson	• Succès de Duquesne en Méditerranée contre l'amiral hollandais Ruyter • Alliance de la France avec les « Malcontents » de Hongrie	• L'astronome Römer détermine la vitesse de la lumière	• Victoire du roi de Suède sur le roi de Danemark : les Danois quittent la Suède	1676
	• Guerre navale contre la Hollande et bataille de Tobago • Prise de Valenciennes • Siège et prise de Cambrai • Victoire du Mont-Cassel	• Boileau et Racine deviennent historiographes du roi • Racine : *Phèdre* • Spinoza : *Éthique*	• Mariage de Guillaume d'Orange et de Mary, fille aînée du duc d'York (futur Jacques II)	1677
• Vauban, commissaire aux fortifications	• Prise de Saint-Omer • Prise de Fribourg • Louis XIV ordonne d'évacuer Messine • Siège et prise de Gand et d'Ypres • Août-septembre : traités de Nimègue avec la Hollande et l'Espagne, fin de la guerre	• Nouveaux projets de Le Brun pour la décoration de la galerie des Glaces de Versailles • Mme de La Fayette : *La Princesse de Clèves* • La Fontaine : deuxième recueil des *Fables*	• Alliance défensive entre l'Angleterre et la Hollande	1678

INDEX

Les chiffres en *italique* indiquent que le sujet est illustré.
Les chiffres en **gras** indiquent que le sujet fait l'objet d'un encadré.

I-J-K

L

M

N-O

P-Q

R

S

T

U

V

W-Y

Crédits iconographiques

Abréviations et sigles : b : bas ; h : haut ; d : droite ; g : gauche ; m : milieu. B.N.F. : Bibliothèque nationale de France, Paris ; R.M.N. : Réunion des musées nationaux, Paris ; C.M.N. : Centre des monuments nationaux, Paris)

6/7 : (fond) Arch. Tallandier/B.N.F. **6 :** (h) G. Dagli Orti ; (b) R.M.N.-G Blot **7 :** (h) G. Dagli Orti ; (m) R.M.N./G. Blot-H Lewandowski ; (b) R.M.N./J.-G. Berizzi **8/9 :** (fond) Arch. Tallandier-B.N.F. **8 :** (h) Giraudon ; (b) R.M.N. **9 :** (hg) R.M.N./G. Blot ; (hmg) The Bridgeman Art Library, Paris ; (hmd) R.M.N./G. Blot ; (hd) R.M.N./G.Blot ; (bg) AKG, Paris ; (bm) G. Dagli Orti ; (bd) Scala, Florence **12/13 :** (fond) B.N.F. **13 :** G. Dagli Orti **14 :** (hg) G. Dagli Orti ; (hm) B.N.F. **15 :** (hd) B.N.F. ; (b) R.M.N./Popovitch **16 :** (g) R.M.N./G. Blot ; (m) R.M.N. **17 :** (hg) S. Chirol ; (d) Musée des Beaux-Arts, Arras **18 :** (g) R.M.N./G. Blot ; (d) G. Dagli Orti **19 :** (h) Arch. Tallandier/B.N.F. ; (bd) R.M.N./R.-G. Ojeda **20 :** (g) Arch. Tallandier/J. Dubout ; (d) Collection du Mobilier national/F. Baussan **21 :** (fond) The Bridgeman Art Library, Paris ; (b) Arch. Tallandier **22 :** (hg) B.N.F. ; (hd) R.M.N. **22/23 :** (b) G. Dagli Orti **23 :** (hg) Musée des Arts décoratifs, Paris/Laurent-Sully Jaulmes ; (hd) R.M.N./Quecq d'Henriquet. **24 :** B.N.F. **25 :** (hg) R.M.N./G.Blot ; (bg) R.M.N./H. Bréjat ; (d) Giraudon **26 :** (h) Arch. Tallandier/B.N.F. ; (b) Arch. Tallandier **27 :** Giraudon **28 :** R.M.N./G. Blot **28/29 :** (b) The Bridgeman Art Library, Paris **29 :** (hg) R.M.N./G. Blot ; (hd) R.M.N./G. Blot **30 :** (g) R.M.N. ; (d) Arch. Tallandier/M. Rigal **31 :** (fond) B.N.F. ; (g) Giraudon **32/33 :** (fond) Arch. Tallandier/B.N.F. **33 :** R.M.N/G. Blot **34 :** (g) B.N.F. ; (d) B.N.F. **35 :** G. Dagli Orti **36 :** (g) R.M.N./D. Arnaudet/J. Scho **36/37 :** Giraudon. **37** (d) Giraudon. **38** (g) Giraudon ; (d) R.M.N./G. Blot **38/39** (b) B.N.F. **39** (hg) Arch. Tallandier/M. Rigal ; (hd) G. Dagli Orti ; (bd) B.N.F. **40 :** (g) Roger-Viollet ; (d) Bibliothèque de l'Institut de France, Paris/J.-L. Charmet **41 :** The Bridgeman Art Library, Paris **42 :** (g) R.M.N./G. Blot **42/43 :** R.M.N./G. Blot/C. Jean **43 :** (hm) Photothèque des musées de la Ville de Paris/Ph. Joffre ; (bd) Roger-Viollet **44 :** (g, d) Arch. Tallandier/B.N.F. **45 :** Giraudon **46 :** (hd) Arch. Tallandier ; (bg) R.M.N./H. Bréjat **47 :** (fond) Roger-Viollet ; (g, d) The Bridgeman Art Library, Paris **48 :** (g) R.M.N./R.-G. Ojeda ; (hd) Giraudon **48/49 :** (h) R.M.N./R.-G. Ojeda ; (b) G. Dagli Ort. **49 :** (hd) Musée historique lorrain, Nancy ; (bd) Giraudon **50 :** (g) Droits réservés ; (d) Arch. Tallandier/J. Dubout **51 :**(g) R.M.N./D. Arnaudet/G. Blot. ; (d) Arch. Tallandier/J. Dubout **52 :** (g) Arch. Tallandier/J. Dubout ; (d) Giraudon **53 :** (g) R.M.N. ; (d) R.M.N./G. Blot **54/55 :** (fond) Arch. Tallandier/B.N.F. **55 :** G. Dagli Ori. **56 :** R.M.N. **57 :** (hg) R.M.N./G. Blot ; (hd) R.M.N./H. Bréjat ; (bm) B.N.F. **58 :** (g) R.M.N./G. Blot **58/59 :** R.M.N./G. Blot **59 :** (d) R.M.N./G. Blot **60 :** (g) Musée des Beaux-Arts, Grenoble ; (d) B.N.F. **61 :** (g) Arch. Tallandier/J. Dubout ; (d) R.M.N. **62 :** (g) R.M.N./G. Blot ; (d) B. Dauleux, Rennes **63 :** (fond) Giraudon ; The Bridgeman Art Library, Paris **64 :** (g) R.M.N./C. Jean ; (hd) Giraudon ; (bd) R.M.N./G. Blot **65 :** (hg) Arch. Tallandier/J. Dubout ; (hd) R.M.N./D.Arnaudet J. Scho ; (b) R.M.N./G. Blot **66/67 :** Bulloz **67 :** (g) R.M.N./G. Blot ; (m) The Bridgeman Art Library, Paris ; (d) AKG, Paris **68 :** B.N.F. **69 :** (g, d) Giraudon **70 :** (bg) The Bridgeman Art Library, Paris ; (md) R.M.N. **70/71 :** (h) Arch. Tallandier ; (bd) R.M.N./C. Jean/Schormans **72 :** (g) Photothèque des musées de la Ville de Paris/Ph. Joffre ; (d) The Bridgeman Art Library, Paris **73 :** (g) The Bridgeman Art Library, Paris ; (d) S. Chirol **74/75 :** (fond) Arch. Tallandier **75 :** R.M.N./G. Blot/H. Lewandowski **76 :** (g) C.M.N., Paris/Caroline Rose ; (m) Château de Vaux-le-Vicomte **76/77 :** A. Gael/S. Chirol **77 :** (d) Giraudon **78 :**(h) B.N.F. ; (b) Roger-Viollet **79 :** (fond, md, b) The Bridgeman Art Library, Paris **80 :** (h) R.M.N./G. Blot ; (bg) S. Chirol **80/81 :** (h) C.M.N., Paris/J. Feuillie ; (b) Arch. Tallandier/J. Dubout **81 :** (h) Giraudon ; (b) R.M.N./M. Bellot **82 :** (g) Musées d'Angers/P. David **82/83 :** R.M.N. **83 :** (d) R.M.N. **84 :** (g) R.M.N./G. Blot **84/85 :** R.M.N./C. Jean/Schormans **85 :** (d) J.-L. Charmet **86 :** (g) R.M.N./F. Raux **86/87 :** Musée de la Marine, Paris **87 :** (d) B.N.F. **88 :** (g) S. Chirol ; (d) R.M.N./M. Bellot **88/89 :** (b) R.M.N. **89 :** (hg) S. Chirol ; (hd, bd) B.N.F. **90 :** (g) R.M.N. ; (d) R.M.N./G. Blot **91 :** (g) The Bridgeman Art Library, Paris ; (d) B.N.F. **92 :** (h) R.M.N./G. Blot ; (b) Arch. Tallandier/B.N.F. **93 :** B.N.F. **94/95 :** R.M.N./G. Blot **95 :** R.M.N./J.-G. Berizzi **96 :** (g) R.M.N. **96/97 :** G. Dagli Orti **97 :** G. Dagli Orti **98 :** Scala, Florence **98/99 :** R.M.N. **99 :** R.M.N./H. Lewandowski **100 :** (h) Roger-Viollet ; (b) Arch. Tallandier **101** The Bridgeman Art Library, Paris **102 :** (g) R.M.N./G. Blot **102/103 :** G. Dagli Orti **103 :** (g) R.M.N./G. Blot ; (d) Giraudon. **104 :** (g) Giraudon ; (m) R.M.N./H. Lewandowski ; (hd) R.M.N./G. Blot **104/105 :** (b) R.M.N./G. Blot **105 :** (hg) The Bridgeman Art Library, Paris ; (hm, d) R.M.N./Popovitch **106 :** (g) R.M.N./Lewandowski **106/107 :** R.M.N. **107 :** (m) R.M.N./Mercator ; (d) R.M.N. **108 :** R.M.N./G. Blot **109 :** (g) R.M.N./H. Lewandowski ; (d) R.M.N./G. Blot **110-111 :** (fond) R.M.N. **111 :** Giraudon **112 :** (g) R.M.N. ; (d) B.N.F. **113 :**(g) Musée de l'Armée, Paris ; (d) R.M.N./G. Blot **114 :** Musée de l'Armée, Paris **114/115 :** Giraudon **115 :** (d) R.M.N./G. Blot **116 :** (g) C.M.N./A. Lonchampt ; (hd) C.M.N./Ph. Caetano **116-117 :** (b) C.M.N./A. Longchampt **117 :** (hd) C.M.N./A. Longchampt **117 :** (hd) C.M.N./Ph. Berthé **118 :** (g) Musée de la Marine, Paris ; (d) R.M.N./G. Blot **119 :** (g) R.M.N./J. L'Hoir ; (d) R.M.N./G. Blot **120 :** (g) Roger-Viollet ; (d) Arch. Tallandier/J. Dubout **121 :** B.N.F. **122 :** (g) R.M.N./G. Blot **122/123 :** R.M.N **123 :** (d) Giraudon **124 :** (bg) Giraudon ; (hd) R.M.N./D. Arnaudet **125 :** The Bridgeman Art Library **126 :** R.M.N./D. Arnaudet/C. Jean. **127 :** (g) R.M.N./D. Arnaudet/C. Jean ; (d) R.M.N./G. Blot **128 :** (h) R.M.N./G. Blot ; (b) Roger-Viollet **129 :** (fond) B.N.F.. B.N.F. ; Beijing, Imperial Palace Museum **130/131 :** Arch. Tallandier/J. Dubout **131 :** R.M.N. **132 :** (g) R.M.N./G. Blot ; (d) Arch. Tallandier/J. Dubout **133 :** R.M.N./H. Lewandowski **134 :** (h) Arch. Tallandier/J. Dubout ; (b) The Bridgeman Art Library, Paris **135 :** (fond) G. Dagli Orti ; Scala, Florence **136 :** Arch. Tallandier/J. Dubout **137 :** (g) R.M.N./D. Arnaudet ; (d) G. Dagli Orti **128 :** (hd) Arch. Tallandier/J. Dubout ; (bg) R.M.N./D. Arnaudet **139 :** The Bridgeman Art Library, Paris **140 :** (g, m) Musée de l'Armée, Paris **140/141 :** (b) R.M.N./D. Arnaudet/G.Blot ; (h) Jean Vigne **141 :** (hd, md, bd) Jean Vigne **142 :** (g) Roger-Viollet ; (d) Koninklije Bibliotheek, La Haye **143 :** (g) Giraudon ; (d) B.N.F. **144 :** B.N.F. **145 :** (h) R.M.N. ; (b) R.M.N./G. Blot **146 :** (mg) R.M.N./D. Arnaudet/G. Blot ; (m) Roger-Viollet ; (mb) G. Dagli Orti **147 :** (hg, hd) Arch. Tallandier/B.N.F. ; (hm) Roger-Viollet ; **147 :** (bg) R.M.N./D. Arnaudet ; (bm) Roger-Viollet ; (bd) R.M.N./H. Lewandowski **148 :** B.N.F. **149 :** (g) Roger-Viollet ; (d) R.M.N./D. Arnaudet

Imprimerie Canale, Turin
Dépôt légal : juin 2001
Achevé d'imprimer : juin 2001
N° d'éditeur : 2891
Imprimé en Italie - *Printed in Italy*